रज़ा पुस्तक माला

महाबाज़ार के महानायक

सिनेमा पर एकाग्र पद्य

महाबाज़ार के महानायक
हिन्दी सिनेमा की कोख से ही निकला करते हैं
–ज़्यादातर
क्योंकि अब नेता तो अनुकरण करने की जगह
गाली देने के काम आते हैं
–ज़्यादातर

रज़ा फ़ाउण्डेशन | THE RAZA FOUNDATION

महाबाज़ार के महानायक

प्रहलाद अग्रवाल

राजकमल प्रकाशन

रज़ा पुस्तक माला : **सिनेमा-पद्य**

प्रधान सम्पादक : अशोक वाजपेयी | सम्पादक : पीयूष दईया

राजकमल प्रकाशन प्रा.लि. और रज़ा फ़ाउण्डेशन का सह-प्रकाशन

ISBN : 978-93-88753-06-7

मूल्य : ₹350

पहला संस्करण : 2019

प्रकाशक : राजकमल प्रकाशन प्रा. लि.
1-बी, नेताजी सुभाष मार्ग, दरियागंज
नई दिल्ली-110 002

शाखाएँ : अशोक राजपथ, साइंस कॉलेज के सामने, पटना-800 006
पहली मंजिल, दरबारी बिल्डिंग, महात्मा गाँधी मार्ग, इलाहाबाद-211 001
36 ए, शेक्सपियर सरणी, कोलकाता-700 017

वेबसाइट : www.rajkamalprakashan.com
ई-मेल : info@rajkamalprakashan.com

मुद्रक : यश प्रिंटोग्राफिक्स
नोएडा-201 301 (उत्तर प्रदेश)

MAHABAZAR KE MAHANYAK
Cinema by Prahlad Aggarwal

परमप्रिय *रजतकमल* और *सावित्री जी* के लिए
इसकी रचनात्मकता के संगी-साथी
नन्हे-नन्हे कुसुम
अनुष्का और *तन्मय* बाबू को
बहुत अनुराग और सद्भावनाओं के साथ

आमुख

कलाओं में भारतीय आधुनिकता के एक मूर्धन्य सैयद हैदर रज़ा एक अथक और अनोखे चित्रकार तो थे ही उनकी अन्य कलाओं में भी गहरी दिलचस्पी थी। विशेषतः कविता और विचार में। वे हिन्दी को अपनी मातृभाषा मानते थे और हालाँकि उनका फ्रेंच और अँग्रेज़ी का ज्ञान और उन पर अधिकार गहरा था, वे, फ्रांस में साठ वर्ष बिताने के बाद भी, हिन्दी में रमे रहे। यह आकस्मिक नहीं है कि अपने कला-जीवन के उत्तरार्द्ध में उनके सभी चित्रों के शीर्षक हिन्दी में होते थे। वे संसार के श्रेष्ठ चित्रकारों में, २०-२१वीं सदियों में, शायद अकेले हैं जिन्होंने अपने सौ से अधिक चित्रों में देवनागरी में संस्कृत, हिन्दी और उर्दू कविता में पंक्तियाँ अंकित कीं। बरसों तक मैं जब उनके साथ कुछ समय पेरिस में बिताने जाता था तो उनके इसरार पर अपने साथ नवप्रकाशित हिन्दी कविता की पुस्तकें ले जाता था : उनके पुस्तक-संग्रह में, जो अब दिल्ली स्थित रज़ा अभिलेखागार का एक हिस्सा है, हिन्दी कविता का एक बड़ा संग्रह शामिल था।

रज़ा की एक चिन्ता यह भी थी कि हिन्दी में कई विषयों में अच्छी पुस्तकों की कमी है। विशेषतः कलाओं और विचार आदि को लेकर। वे चाहते थे कि हमें कुछ पहल करनी चाहिये। २०१६ में साढ़े चौरानवे वर्ष की आयु में उनकी मृत्यु के बाद रज़ा फ़ाउण्डेशन ने उनकी इच्छा का सम्मान करते हुए हिन्दी में कुछ नयी क़िस्म की पुस्तकें प्रकाशित करने की पहल *रज़ा पुस्तक माला* के रूप में की है, जिनमें कुछ अप्राप्य पूर्व प्रकाशित पुस्तकों का पुनर्प्रकाशन भी शामिल है। उनमें गाँधी, संस्कृति-

चिन्तन, संवाद, भारतीय भाषाओं से विशेषत: कला-चिन्तन के हिन्दी अनुवाद, कविता आदि की पुस्तकें शामिल की जा रही हैं। सभी पुस्तकों पर रज़ा साहब और उनके समकालीन मित्र चित्रकारों आदि की प्रतिकृतियाँ आवरणों पर होंगी।

सिनेमा हमारे समय में एक प्रबल उपस्थिति, लोकप्रिय विधा और कलात्मक और मानवीय सम्भावनाओं का वितान लिये हुए है। प्रह्लाद अग्रवाल सिनेमा के अनूठे रसिक हैं और उस पर उन्होंने कई तरह से विचार किया है। यह पुस्तक नयी रोचक शैली में लिखी गयी है। इसे प्रस्तुत करते हुए हमें प्रसन्नता है।

अशोक वाजपेयी

दिसम्बर २०१८, नयी दिल्ली

क्रम

प्रस्थान बिन्दु

बीसवीं शताब्दी की आख़िरी दहाई में
धूमधड़ाम एण्ट्री मारने वाले बाज़ार में
इक्कीसवीं शताब्दी की शुरुआत के साल भर पहले ही
दुनिया को अपनी मुट्ठी में कर लेने की बेताबी का
खुलेआम इज़हार करते हुए
ज़ीरो-ज़ीरो को ज़ीरो-वन और बाज़ार को महाबाज़ार में तब्दील
कर
दसों दिशाओं को जगर-मगर कर दिया
चतुरंगिणी फ़ौज की छत्रच्छाया और चौकस निगरानी में।

आज इक्कीसवीं सदी की दूसरी दहाई की आख़िरी पायदान पर
कोई भी बाज़ार की पकड़, पटक और धमक के बहुआयामी
बाहुपाश
की जकड़ से बाहर नहीं है
अब महाबाज़ार को घी निकालने के लिए अँगुली टेढ़ी क़तई
नहीं करनी पड़ती
ख़ुद घी की बोतल ही विनम्रतापूर्वक टेढ़ी होकर
सीधी अँगुली पर टपक जाती है।

नम्रता और रूप कीर्तन तो हमारी संस्कृति है बोले तो-परम्परा
है।

तो दीनदयाल खुलासा किस्सा ये है कि समूची दुनिया महाबाज़ार की गलबहियों में
बँधी आनन्दित होते हुए लहूलुहान है।
कीर्तन में गुंजायमान, चारण गान में दिव्यलोक का सृजन करते हुए विद्यमान
विद्वान आदरणीय मण्डलियों का साम गान
वातावरण के आनन्दोत्सवों हेतु
अत्यन्त आह्लादकारी और चतुर्दिक यश प्रक्षालन में आनन्द पुंज बन रहा है
इसका आवाहन करो, इसको लक्षित करो, इसे प्राप्त करो
जो महाबाज़ार की अवहेलना का मूर्खतापूर्ण ख़याल
ख़्वाब मानिन्द भी सहेजने की बेवक़ूफ़ी करी
वह महान पातक का भागी है।
आँख का अन्धा नाम नयनसुखदास है

इनसे भी बाज़ार उलझता नहीं, उपेक्षा तक नहीं करता
अपनी गरज कभी बतलाता नहीं
लेकिन तुम्हें अपनी गरज बतलाने के लिए बार-बार आमन्त्रित करता है
उसका सत्कार करता है
उसे परिपूर्ण कर आनन्दविभोर करता है
ख़ुद लुटकर तुम्हें लूट लेने की कला जानता है।

सिनेमा को भला बाज़ार से क्या परहेज
उसका तो जन्म ही उसकी बाँहों में झूला झूलते हुए ही हुआ है
वह तो मजबूर है
उसे अपनी प्रतिभा का प्रदर्शन करने के लिए
बाज़ार की मुहब्बत लाज़िमी है।
यदि वह अपने चाहने वालों को लूट न सके तो उसका ज़िन्दा रहना नामुमकिन

सिनेमा के जन्म से लेकर आज तक
कला और बाज़ार का यह छत्तीस का आँकड़ा
हमेशा चलता आया है और चलता रहने वाला है।
बस, होता सिर्फ़ ये रहा है
कि कभी गाड़ी नाव पर, तो कभी नाव गाड़ी पर।
कभी कला बाज़ार की गिरफ़्त में, तो कभी बाज़ार कला की।
यह इसकी मुहब्बत का कशमकश का खेल आज तक अविराम ज़ारी है

कभी यह दिखलाई देता है कि सिनेमा बाज़ार की गिरफ़्त में है
तो हमने वो नज़ारा भी देखा है जब बाज़ार सिनेमा की अँगुलियों पर नाचता रहा है
लेकिन किसी भी हालात में बाज़ार और सिनेमा का गठबन्धन हमेशा रहा है
हमने कहा न, कभी गाड़ी नाव पर तो कभी नाव गाड़ी पर।
आज हमें यह दिखलाई पड़ रहा है कि गाड़ी नाव पर सवार है
सिनेमा बाज़ार की जकड़ में है
लेकिन इसी जकड़ के बीच इक्कीसवीं शताब्दी में
उसकी चमक बार-बार दिखायी पड़ती है।
दिखलाई पड़ता है, कि वह अपने इन्द्रधनुषी रंग-रूप के साथ निखरकर
सामने आ रहा है।

और यह वह समय है, जब ऐसा लग रहा है कि बाज़ार में सिनेमा क्या
सम्पूर्ण जगत को अपने बाहुपाश में जकड़ लिया है
उस समय यह हिन्दुस्तानी सिनेमा अपनी पूरी धमक के साथ
यह अहसास दिला रहा है कि मजबूरियाँ जितनी बेइंतिहा होंगी
चमक उतनी ही गुरूर के साथ चकाचौंध करने के लिए सामने आयेगी।

यह आख्यान बाज़ार और सिनेमा के नायकत्व के संघर्ष का व्याख्यान है।

तथास्तु।

महाबाज़ार की महामाया

महाबाज़ार की महामाया

बाज़ार की गिरफ़्त में सब हैं
जो सोचते हैं—नहीं हैं, किनारे बैठे तमाशा देख रहे हैं
महामन्त्र जाप का प्रहसन करते हुए
न ऊधौ का लेना-न माधौ का देना।
तुर्रा बाँधे हैं-बाज़ार से गुज़रे हैं, ख़रीदार नहीं हैं।

ख़रीदार नहीं हो, तब ही तो किनारे घूरे पर डले हो।
जो ख़रीदार नहीं भइया
इस महाबाज़ार में उसका कौन पुछइया!
घर में दाने ही नहीं तो अम्मा क्या ख़ाक़ भुनाने जायेंगी!
जो खुटी में धेला-कौड़ी नहीं
तो इस महाबाज़ार की महामाया ललचाई नज़रों से निहारते
सटक लेने के सिवा और कर भी क्या सकते हो।

लेकिन तब भी कोई बात नहीं।
बाज़ार ने भी ठान ली है कि मरहा से मरहा तक को
सिर्फ़ ख़रीदार नहीं, जांबाज़ दरियादिल ख़रीदार बना
बीच बाज़ार खड़ा करके ही दम लेगा।
सौ-दो सौ-हज़ार की पूँजीवाले को लाख का ख़रीदार बनायेगा
करोड़ों के सपने दिखलायेगा
कलेजे में तीर-ए-नीमकश मानिन्द

अरबों का खूँटा गाड़ते हुए।
आज नहीं तो कल देना—भविष्य के समन्दर से।
—तुम्हारी मदमस्त मर्दानगी का
बूँद-बूँद निचोड़ लेने की कला में पारंगत है महाबाज़ार।

यह महाबाज़ार बड़ा उदार है।
इसकी दस्तक दो पीढ़ियों पहले ही सुनकर
मरहूम ज़नाब साहिर लुधियानवी साहब फ़र्मा गये हैं कि—
यहाँ तो हर चीज़ बिकती है
आँसू भी और ठहाके भी
शोखियाँ भी बिकने को तैयार और बाँकपन भी।
आलम ये कि जो तुम एक कली की ख़्वाहिश लेकर आए हो
तो बाज़ार समूचा चमन लुटाने मचल-मचल जाये
और ख़ुशी के मौक़ों पर
नर-मादा संयुक्त अवतार वाले नृत्य-गीत की ठिठोली में
मुहब्बत में होकर सराबोर लगाए गुहार—
नासपीटो, जहाँ चाहो वहाँ हमारी ख़ूब लानत-मलामत करो,
तोहमतें लगाओ, चकड़धम्म मचाओ,
लेकिन क़दरदान, मेहरबान, एक नज़र ज़रूर फेंकते जाओ
और फिर ज़रा अपने आप से एक बार पूछते गुनगुनाओ—
कहो जी तुम क्या-क्या ख़रीदोगे!
तब बाज़ार भी धीरे से आपके कान में फुसफुसाएगा
लल्लू, ऐसा क्या है जो हम नहीं बेचते—
एक ही फ़र्ज़ है मेरा—सो इसे पूरा कर दूँ,
कोई मिल जाय—तो दुनिया का सौदा कर दूँ!

और हम सिर्फ़ बेचते नहीं तुम्हें ख़रीदना भी सिखाते हैं
तुम्हें तुम्हारी औक़ात का शत-योजन स्वरूप दिखलाते हैं
पगले, ख़ुद को पहचान तो ले बेख़बर
कि क्या कर सकता है तू

किस क़दर साठ इंच का सीना तानकर चल सकता है
नामालूम मुस्तकबिल को लतियाकर क्या-क्या ख़रीद सकता है।
जो आने वाले कल की चिन्ता के फेर में पड़ा
तो जान ले पगले लुट गया, कौड़ी का तीन बिक गया।

अब ख़रीदने के लिए कहीं जाना भी नहीं है
हमने बाज़ार तुम्हारे घर पहुँचा दिया है, ड्राइंग रूम में—बेडरूम में
आपको बस बैठे-बैठे या लेटे-लेटे महज़ रिमोट का बटन ही तो दबाना है
चैनल दर चैनल बदलते चले जाना है
इसके लिए अलग चैनलों की व्यवस्था तो कर ही दी गयी है
और आधी रात के बाद तो गिने-चुने ही छोड़कर सैकड़ों चैनल आपको बाज़ार के
ख़ुशनुमा नज़ारे कराने के लिए तैनात हैं
तो देर कैसी, कस लो कमर और हो जाओ आप भी तुरन्त तैयार।
इतना भी न करना चाहो
तो जेब में पड़ा 'मोबाइल' ही तुम्हें
दुनिया भर के बाज़ार से आनन-फानन में मिला देगा।

आज का ठिकाना कर, कल की फ़िक्र छोड़ बावरे
कल कभी नहीं आता बरख़ुरदार
जिसने आज को ललकारा—उसे ज़माने ने ठिकाने लगा दिया।

समझाता है ये महाबाज़ार कि ये ज़िदगी है ही क्या—
इक ख़्वाब है दीवाने का।
बाज़ार के तमाम रंगीन सपने किनारे पड़े बदनसीब भी देख सकते हैं
जिनमें समूची दुनिया की रंगरलियाँ दरपेश हैं।
कार-कोठी-कैश न सही आज तुम्हारे पास

लेकिन कल की ख़ातिर ये सपना तो देख लो-सर जी,
दुनिया मुट्ठी में कर लेने की ख़्वाहिश को तो सजाया जा सकता है
और वह भी एकदम मुफ़्त!
ज़मीन के ऊपर तुम्हारे लिए सीधा आसमान सही
कोई छत कोई छाया भले न सही,
पर सपने तो फाइव नहीं, सेवन स्टार होटलों में
लगभग नंगी औरतों के साथ गुलछर्रे उड़ाने के देखो
और खुल्लमखुल्ला देखो।
परायी चूपड़ी को देखो और ख़ूब जी ललचाओ
लपलप लालच-लपलप लालच
दुनिया की सबसे अच्छी, सबसे कारगर लपलप लालच।

ओय कितनी क्यूट लगती है हमारी काजोल
आज भी नयी-नवेलियों को फेल कर देने का दमखम है
उसके साथ, गाओ-गुनगुनाओ—लपलप लालच!
क्या एड बनाया बाइ गॉड-लपलप लालच! लपलप लालच!!

किसको ख़बर है कि कब ऐसा दिन आ जाये—
कि क़िस्मत का पिटारा खुलकर किलकिलाए
और अमिताभ बच्चन ख़ुद तुम्हें गले लगाकर हाथ मिलाएँ,
फरमाएँ—ले जाइए साहब—करोड़-दो करोड़-पाँच करोड़ का चैक
और अपने ख़्वाबों की दुनिया जगमगाएँ
और हमें सुनाई पड़े कि ओए झल्लू—
जैसे तेरे दिन फिरे, वैसे हर घूरे के दिन फिरें—आमीन।

हटाइए ये नैतिकता के दकियानूसी पर्दे
सर जी, कहिए ज़रा ज़ोर से कि हम उस देश के वासी हैं—
हे राम! जिस देश में गंगा मैली हो गयी है, यमुना को नाला बना दिया है!

नदियों पर नकेल कस ली गयी है
हम जिसे जिससे चाहें मिला दें—संगम करा दें।
तो नदी-नालों से आगे बढ़ो महापुरुषो,
कहो हम उस देश के वासी हैं
जिस देश में खजुराहो है, अजन्ता-एलोरा हैं।
जहाँ उन्नत और ठोस उरोजों वाली निर्वस्त्र रमणियों की
कलात्मक प्रतिमाएँ तुम्हें सदियों से ललकार रही हैं
आज उन पाषाण प्रतिमाओं की ऐश्वर्य मल्लिकाएँ तुम्हारे लिए—
श्रीमान् तुम्हारे और सिर्फ़ तुम्हारे लिए,
इस महाबाज़ार में सजीव प्रस्तुत हैं—खुला निमन्त्रण लेकर।

बाज़ार ने चहुँओर जो रंगीनियाँ बिखेर रखी हैं तुम्हारे लिए
उनको लपकने के वास्ते दिमाग़दारों ने सजा रखी हैं
जल्दी से जल्दी, ज़्यादा से ज़्यादा रुपया कमाने की
ऐसी एक से बढ़कर एक शानदार स्कीमें
कि बड़े से बड़े आला दिमाग़ तक चक्कर में आ
घनचक्कर बनकर लपलपा जाये।
ऐसी स्कीमें जिन्हें बग़ैर सोचे-बिचारे अंजाम देने की ज़रूरत,
समझने-वमझने की क़तई नहीं
दरअसल ज़रूरत समझने की नहीं, लपकने की है
जब तक समझ पाओगे तब तक तो
चार-पाँच बार लोन लेकर दो-तीन बार चुका चुके होगे दीनबन्धु
वर्ना कंडीशन्स एप्लाई की चार प्वाइण्ट में छपी भूलभुलैया में ही
डेढ़ हज़ार चक्कर लगाते रह जाओगे।
इसमें पड़े तो गुलछर्रे कब उड़ाओगे!

न कर शुमार कि हर शै गिनी नहीं जाती
ये ज़िंदगी है हिसाबों से जी नहीं जाती
हिसाब-किताब लगाते रहे तो हाथ में आयेगा—
बाबा जी का ठुल्लू—कॉमेडी नाइट्स विद कपिल नहीं देखा

कभी ?

पुरानी कहावत नया इन्द्रधनुषी अवतार लेकर आ गयी बैरागी जी
कि हर्र लगे न फिटकरी और रंग चोखा आ जाये
जो कूवत हो तो पाँच-दो-बीस-पचास हज़ार करोड़ दबाकर
लंदन, पेरिस, रोम, न्यूयार्क उड़ जाओ
यहाँ सब हाथ मलते और
गला फाड़ते रह जायें।

सोलहवीं सदी से बाहर निकलकर आओ श्रीमान सन्तोषी सदा
सुखी
तरक़्क़ी करना है तो चाहे गर्दन कट जाये पर सन्तोष कभी नहीं
करना।
सफल वही है जो विकास मन्त्र का दनादन जाप करता है।
जो रूखी-सूखी खाकर ठण्डा पानी पी रह जाने में यक़ीन करता
है
उसकी तो भगवान-ख़ुदा-पैगम्बर-गॉड वग़ैरह जो भी हैं
वे भी रक्षा नहीं कर सकते
क्योंकि तुम तो उसी को दरिद्र बनाने पर तुले हो
ये सृष्टि जिसकी माया है
उसी ने तुम्हें यहाँ पठाया है, लीला रचाई है—यह खेल-तमाशा
सब उसका
और तुम उसी के खेल की बेक़द्री कर रहे हो!
उसकी माया में पलीता लगाओगे तो कैसे बच पाओगे
मत भूलो, तुम कर्ता-धर्ता नहीं हो, बस कठपुतली हो—सो ठुमकते
जाओ।
आदमी इंसान तो बन नहीं पाता, भगवान बनने जुट जाता है।
ऐसी ग़लती भूलकर भी न करना।

आओ प्यारे, कूद पड़ो अचूक सट्टेबाज़ी के रंगीन तिलिस्म में

जिसमें तिलचट्टे को भी लग सकता है जैकपॉट
कर लो-नहीं, कर ली दुनिया मुट्ठी में।

सौ में अस्सी परसेंट हैरतअंगेज छूट के नशे में
दस का माल बीस-पचास में ख़रीद ले जाओ लालच के पुतलो,
और ब्राण्डेड बनकर तनतनाओ।
घर बैठे लखपति बनो
आँख के अन्धे, गाँठ के अधूरे, नयनसुखदासो,
कुल तीन-चार-पाँच रुपल्ली लगने हैं एस एम एस करने में
और घर बैठे हाथ पर हाथ धरे जीत लो लाख-दो लाख रुपये
एक ऐसे लीचड़ टाइप सवाल का जवाब देकर
जैसे कोई पूछे कि तुम्हारा
या तुम्हारे बाप यानी पिताश्री का क्या नाम है?
यानी ऐसा सवाल जिसका जवाब कहीं ढूँढ़ने नहीं जाना
जिसका जवाब गये गुज़रे से भी गये गुज़रे को महामालूम है।
ऐसा सवाल जिसका जवाब देने वाला हर कंटेस्टेंट सही है।
सो जीतने का ख़्वाब सजा सकता है—वह भी मुफ़्त! एकदम मुफ़्त!!
सो प्यारे इस खेल में खुलेआम सट्टा खेलते हुए तुम
बुद्धिमान होने की दुशाला भी लपेट सकते हो।
कहावत चरितार्थ करते हुए कि—'हर शाख़ पे उल्लू बैठा है।'

बस दौड़ पड़ो एस एम एस करने के लिए जीभ लपलपाते हुए
लाख रुपये का नाम सुनकर झन्नाटा खा गये जांनशीनो।
दस लाख एस एम एस भी हो गये—
तो हो गया पचास लाख का खेल—
और बाँट दी गयी एक-दो लाख की खैरात।
ये दस लाख एस एम एस का कयास तो हम अपनी
गिरी-मरी औक़ात के मुताबिक लगा रहे हैं
वर्ना इनकी संख्या विराट है क्योंकि मामला ही करोड़पति है।

और घबड़ाओ नहीं, मामला जल्द अरबपति खरबपति होगा।
सन् दो हज़ार का करोड़पति आज बहुत सिकुड़ गया।
नयी सदी की दुधमुँही पीढ़ी पर नयी नकोर जवानी चढ़ गयी अब
आज तो अमिताभ की नाक छिनकने का इन्तज़ाम नहीं होता
इतने में।
महानगरों में एक उम्दा फ़्लैट तक नहीं मिलता।
सो अब खेल तमाशों के इनाम–इकराम
दो–चार–दस करोड़ तक तो पहुँचा ही दिये हैं बॉस
बस ज़रा सा ठहरो, करते हैं एक और ज़बर्दस्त मन्दी का इन्तज़ाम
और पहुँचाते हैं तुम्हें अरबपति सिंहासन पर।
घबड़ाओ नहीं, हम हिन्दुस्तान को अमरीका बनाकर रहेंगे
चाहे जो हो, हम हिन्दुस्तान को बस हिन्दुस्तान नहीं रहने देंगे
हमें ख़ूब मालूम है, तुम्हें भी असली हिन्दुस्तान नहीं चाहिए
प्यारी तो नकली अमरीका की ख़्वाहिश है।
स्मार्ट बनो महाबुद्धिमान श्रीमान् वृन्दावन बिहारीलाल जी,
गाँधी–गाँधी–गाँधी का रट्टा लगाओ
उसकी 'हिन्द स्वराज' किताब का
शताब्दी का जश्न मनाओ
उसको पढ़ने की क्या ज़रूरत?
उसका सोशल मीडिया पर मजमा जमाओ
और रितिक की तरह रघुपति राघव राजाराम की धुन पर
सौ करोड़ी कुदक्की लगाओ।
फ़िल्म भले ही फ्लॉप हो गयी हो
लेकिन उसकी रघुपति राघव राजाराम की कुदक्की सुपरहिट
थी।

जान लो बच्चू कि तुम्हें करोड़पति खेल अपनी बुद्धि से
अरबपति–खरबपति बनना सिखला रहा है।
वह खेल जिसमें लखपति तो घर बैठे बना जा सकता है

किसी तदबीर की ज़रूरत नहीं
महाबाज़ार की मर्जी, जिसके नाम खुल जाये लॉटरी, वही लखपति
वो ही मुक़द्दर का सिकन्दर!
ये है महाबाज़ार का असली सौ टंच लोकतन्त्र
जिसमें कोई पक्षपात नहीं।

बस मोबाइल पर एक कॉल या एस एम एस और पलक झपकते
ख़िदमत में हाज़िर हो जायेंगी आपको अमीर बना सकने वाली
तमाम रंगीन कारगुज़ारियाँ।
सर जी, आप वही तो हैं न
जो चाँदी को सोना और दूने को चौगुना बना देने वाले
गेरुआ लपेटवाले दढ़ियल साधुओं के चंगुल में फँस कर
जनम भर की जमा-पूँजी लुटा बिलबिलाते फिरते हो।
साल भर में दो गुनी और दो साल में चार गुनी रकम बनाकर देने वाली
फाइनेंस कम्पनियों की चपेट में आने के बाद
चौबीसों घण्टे समाचार बेचने वाले ख़बरिया चैनलों पर गुहार लगाते हुए
कि हाय दइया लुट गये, हम तो बर्बाद हो गये,
जाने कहाँ बिला गयी साक्षात् स्वर्ग का नज़ारा कराने वाली
वह दिलसुकून कम्पनी हमें नर्क में धकेलकर।
पंछी उड़ गया अमरीका और धन पहुँच गया स्विस बैंक।
तो अब पछताए होत का जब चिड़िया चुग गयी खेत।

सोचो, जानो-पहचानो ये महाबाज़ार है-आपका हमदर्द। सच्चा रहनुमा।
इसका ग्लोबल दिमाग़ ऐसी टुच्ची धोखाधड़ी क़तई नहीं करता।
इसका ज़हर भी मीठा है
गोरिया की कटीली चितवन जैसा आहिस्ता-आहिस्ता असर करता है।

आपको लूटता नहीं–लुटना सिखलाता है
देखो कैसा मज़ा है मुहब्बत जैसा—
ख़ुद बर्बाद होने में।
—और चाहो तो ख़ुद लूटना सीख जाओ
और महामहिम जमात में आकर चिपक जाओ।
जब लुटोगे तभी ख़ुद भी
लूटने की फ़ितरत पाने की,
दिललुभावन कसक की चिकोटी कटेगी कलेजे में।
पड़े रहो दरबार में, और धका धनी के खाव
कि एक दिन ऐसो आयगो, के ख़ुदइ धनी हुइ जाव।
सियापति रामचन्द्र की जय, पवनसुत हनुमान की जय
कि बोलो भाई सब सन्तों की जय
जयजयकार ज़ारी रहे और तालियाँ पीटो बच्चा लोग।
यही ज़माना है। इसी में दाख़िल हो जाना है।

महाबाज़ार लुटना और लूटना दोनों सिखलाता है
दस–बीच–पचास से शुभारम्भ की ज्योति जलाता है
जेबें काटता नहीं, उन्हें ख़ाली कराने का हुनरमंद हमदर्द है।
भरता है ख़ाली कराता है और फिर भरता है और यह लगातार
सिलसिला है।
तुम्हारे सौ–पचास लाखों करोड़ बनाने का हसीन नज़ारा
इस तरह पेश करता है कि इसकी सच्चाई के आगे हरिश्चन्द्र
पानी भरें।
सर जी, अपना जीवन सुखमय बनाओ
जिस ब्राण्ड के सोडे का विज्ञापन देखो—उसी ब्राण्ड की दारू
गटकना सीख जाओ।
इतना भी नहीं जानते सोडा और व्हिस्की का चोली–दामन का
साथ
इनसे गलबहियाँ डालकर करोड़पति बनने वालों के फ़ोटो देखो
नाम–पते–मोबाइल नम्बर, ई–मेल आईडी नोट करो

टेलिविज़न इण्टरनेट हाज़िर हैं
उनको देखो और देखकर गनगनाओ–टनटनाओ
सोचो और सोचकर आसमान में जगमगाओ—
चाँद पर फ़्लैट ख़रीदो या प्लॉट हथियाओ।
लोग मंगल पर जाने लगे हैं और तुम धरती में ही पड़े रहोगे क्या!

जनम फ़क़ीरी में हुआ तो क्या
ख़्वाहिश–ए–बादशाही का चिराग ही नहीं जगमगाओगे?
कभी तो मिलेगी, कहीं तो मिलेगी
बहारों की मंज़िल राही।

यह महाबाज़ार है
जहाँ सारी दुनिया एक गाँव है
और एक गाँव में सारी दुनिया है।

आपकी जेब के आख़िरी पैसे तक पर इसकी पैनी नज़र है
उस आख़िरी पैसे की ख़ातिर तक यह दाँव लगाता है
लगाना सिखलाता है
महाभारत की द्यूत क्रीड़ा इसका आदर्श है
जहाँ धर्म और अधर्म का निर्णय करना नामुमकिन हो जाता है
सिर्फ़ एक ही चीज़ प्यारी होती है
सब कुछ जीतने के लिए सब कुछ कुर्बान करने की कूवत
बाप बड़ा, न भाई बड़ा, न लुगाई बड़ी, सबसे बड़ा रुपइया।

कभी मिटने नहीं देता बादशाहत का हसीन ख़्वाब
कि जेब का आख़िरी पैसा कब कहाँ कैसे
सटक गया इसका पता ही न चले आपको
लुटने का दर्द देता है तो लूटने का हुनर भी सिखलाता है आपको
दर्द की दवा की तरह—
तभी आप मिर्ज़ा ग़ालिब की तरह समझ पायेंगे

कि दर्द का हद से गुज़रना ही दवा हो जाना है।
यह महाबाज़ार की महामाया है।

याद आयेंगी परवीन शाकिर साहिबा जिन्होंने कभी का कह दिया था—
तुम सच कहोगे और फिर भी हार जाओगे
वो झूठ बोलेगा और लाज़वाब कर देगा।

परस्तार, पैरोकार—महानायक

महाबाज़ार का काम नायकों से नहीं चलता
यहाँ हर मुकाम पर सुपरलेटिव डिग्री ज़रूरी है
उसकी रंगीन महफ़िल को चाहिए-महिमामण्डित, महामहिम,
दिव्य महानायक
भए प्रकट कृपाला दीनदयाला दुष्टदलन भयहारी टाइप
तमाम दारुण कष्ट पलक झपकते हर लेने वाले
एक फ़ौलादी मुक्का घुमाकर सोलह दूनी बत्तीस आततायियों को
हवा में उड़ाकर ज़मीन पर दचक देने वाले महानायक।
लेकिन यह यक़ीन दिलाने वाले
भले झूठा ही सही
कि आप उनकी कृपा पर अवलम्बित रह सकते हैं
—आराधना करते हुए।
झूठ को सच समझकर गोलगप्पा हो सकते हैं,
ख़ुद भी धमाचौकड़ी मचाते हुए।

यही महाबाज़ार उन महानायकों का सृजन, पोषण और संहार
करता है
इसलिए कि आप कुछ न करने के लिए निश्चिन्त-आश्वस्त रहें
कि जो कुछ करेगा, वही करेगा महानायक
आप तो बस देखते रहिए तमाशा—लेते रहिए मज़ा
इसलिए महानायकों का नैरन्तर्य बनाये रखने को वह कृतसंकल्प

है।
ताकि वे जब जब होय धरम की हानी—
तब तब, फटाफट नमूदार होकर करें तुम्हारा उद्धार।
बच्चे दरअसल, इसी में असली उद्धार हमारा है।

हम हर जगह महानायक बुनते हैं
फिर उन्हें परवान चढ़ाते हैं और तुम्हारे लिए आसमान में उछाल देते हैं
चाहे वह सिनेमा हो या असल ज़िन्दगी
इसीलिए तुम अपने प्रतिनिधि नहीं, आराध्य चुनते हो
और तुम्हें पता भी नहीं चलता उन्हीं के ज़रिये कब लतिया दिये जाते हो।
प्यारेलाल, यह तुम समझ नहीं पाओगे
और हम चाहते भी नहीं कि तुम समझो
हम अपना असली मकसद तुम्हें क्यूँकर बतलाएँ
हम ही नहीं चाहते, तुम ख़ुद ही हमेशा लालच में फँसे रहना चाहते हो।
इसलिए ऑफ़र ही ऑफ़र हैं तुम्हारे लिए।
और यह तो तुम भी ख़ूब जानते हो कि तुम्हें हर मुकाम पर
ऑफ़र चाहिए-दस बीस तीस परसेंट हर चीज़ चाहिए ही चाहिए फ्री
इसलिए हमने हवा भरकर पाँच रुपये के माल वाला पैकेट भी ऐसा बनवाया है
कि वह देखने में ही सही लेकिन लगे पचास का

ये महाबाज़ार है, मोल-तोल नहीं करता, ऑफ़र करता है। आओ प्यारे—
खुले बाज़ार की नीलामी है धोखाधड़ी का कोई काम नहीं
तुम्हारी औक़ात दो लाख—तो बीस लो
इसी तरह दो करोड़ वाले को बीस करोड़ और उसकी एक-एक

अदा पर
करोड़ों-करोड़ हज़ारहा अदाओं से न्योछावर।
जितनी बड़ी तुम्हारी औक़ात, उतना बड़ा पिछौरा
तुम्हारी औक़ात पर यह शून्य पर शून्य बढ़ाते जाने से कभी क़दम
पीछे नहीं हटाता।
आओ भाइयो, इस तरह शान से आओ—कि बिक जाओ
और पता भी न चले कि कब, कहाँ और कैसे बिक गये
और इस तरह इतराओ कि देखो सालो, हम कितने महँगे बिके
सो तुरन्त महँगे से महँगे बिकने की होड़ में लग जाओ
खुले बाज़ार की नीलामी है, धोखाधड़ी का कोई काम नहीं।
बड़े से बड़े कमर कसे बैठे हैं बिकने के लिए
कोई श्री में तो कोई भूषण में, इसमें कहीं कोई भूषण नहीं
जैसे ही बिक जाओगे, वैसे ही आसमान में उड़ते हुए जगमगाओगे
यह हमारी ज़िम्मेदारी है, तुम्हें कोई फ़िक्र नहीं।

सो कोई ओन-लि-इई आठ रुपये में सिर कमर पीठ के
तमाम दर्द चुटकी बजाते दूर कर रहा है
कोई छह रुपये में काले से गोरा और गोरे को महागोरा
बना देने वाली क्रीम पेश कर रहा है समझाते हुए कि दुनिया गोरों
की है,
कालों की नहीं और न दिलवालों की।
अब दिल का हाल दिलवालों को नहीं
पैसे वालों को सुनाया जाता है
इसलिए कि दिल पर मरने वाले मरेंगे भिखारी
सो दिल पर मरने की बेवक़ूफ़ी हमें नहीं करना है
हमें तो करोड़ों के कर्दम में कमल खिलाना है पदपदौआ मारते
हुए
और जैसे ही कमल खिला तो पौ बारह, फिर किस बात की कमी
है
कर गये न तब तो महामानवों की श्रेणी में पदार्पण, फिर कोई

निठल्ले तो रहे नहीं।

सो इस महाबाज़ार में कोई पिद्दी-ख़ुद्दी मरगुल्लों को जादुई
गंजी पहनाकर
दुनिया के सबसे ताक़तवर पहलवान को पछाड़ सकने की कूवत
वाला
मैचोमैन बना रहा है मुस्कुराकर,
धाकड़ मशक्कत से बनाये गये अपने सिक्स पैक ऐब्स दिखलाकर।
तो कोई ऐसी मोटरबाइक का नज़ारा करा रहा है
जो ज़मीन पर चलती नहीं, आसमान में उड़ती दिखलायी देती है।
अब ज़मीन पर जगह ही कहाँ बच रही है चलने तक की,
सो आसमान में तो उड़ना ही पड़ेगा।
अब कल का इन्तज़ाम आज कर लेने की समझदारी दिखलाओ
वर्ना जान लो तुम्हें बचाने में ऊपर वाला भी काम न आयेगा
अब ज़माने के साथ नहीं, ज़माने के आगे चलने वालों की पीढ़ी
अवतरित हो गयी है भइये, देख लो आँख खोलकर।

दूध-दही-मट्ठा-लस्सी के दकियानूसी गँवई फण्डे भूल जाओ
नन्हे मुन्नो,
अमरीकी स्वप्नमग्न मेरी नयी दुनिया के जाँबाज़ नौजवान जाँनशीनो,
कोलाओं की उफनाती नदियों में गोते लगाओ
शाहरुख, सलमान, आमिर, अक्षय, रोशन, रणवीर, ऋतिक
और सचिन, धोनी, रैना की
सनसनाती ताज़गी अपनाओ और स्वप्नपरियों को झूले झुलाओ
महानायकों से हमारे ब्राण्डों की ख़ूबियाँ जानो और पहचानो
कि आज बेहद ज़रूरी है ब्राण्डेड हो जाना, तरक़्क़ी के लिए।
लोकल सड़ही चीज़ों के चक्कर में आकर आबरू न लुटाओ।
गरज ये कि आपके सपने ऊँची से ऊँची पेंगें भरें
इसका भरपूर सुनियोजित सुप्रबन्ध है
ये है महाबाज़ार की महामाया

जिसके परस्तार–पैरोकार हैं, हमारे आपके महानायक।
कोसने से कुछ न होगा इस महाबाज़ार को कोसने वालो
तुम्हारी अपनी हरामज़ादी ख्वाहिशों की बाँझ कोख के बियाबान
से ही
तो मचलकर नमूदार हुआ है ये करिश्माई महाबाज़ार।

महाबाज़ार के महानायक हिन्दी सिनेमा की कोख से ही निकला
करते हैं
–ज़्यादातर।
क्योंकि अब नेता तो अनुकरण करने की जगह गाली देने के काम
आते हैं
–ज़्यादातर।
कहा न, इसका काम दो–चार महानायकों से तो चलता नहीं
इसे तो महानायकों की पूरी पलटन चाहिए
उपभोक्ता की हक़ीक़त को तिलिस्म में तब्दील करने के लिए।
इसलिए महानायकों की तलाश सिनेमा के साथ ही टेलिविज़न,
क्रिकेट, धर्म, राजनीति, समाजसेवा, अफ़सरशाही वग़ैरह के बीच
भी
चलती रहती है—अविराम।
पर ज़्यादातर माल हिन्दी सिनेमा ही मुहय्या कराता है
इनके रेट ही सबसे ऊँचे हैं—आसमान पर।
भयानक क्रिकेट हाइप के बावजूद इसके महासितारे
सचिन तेंदुलकर को भगवान का दर्जा और भारतरत्न का तमगा
नवाज़ दिये जाने के बावजूद—
ये अमिताभ–सलमान–शाहरुख–रनबीर–कैटरीना–करीना–प्रियंका
जैसा जादू
नहीं जगा पाते—उन्माद पैदा नहीं कर पाते।
क्रिकेट और सिनेमा का कॉकटेल बनाने की आदिकालीन बासी
कढ़ी में
जब–तब उबाल आता रहा है। आता ही रहता है।

क्रिकेट से उन्माद पैदा हो इसके लिए ज़रूरी था उसे
खेल से तमाशा बनाना—और बना दिया गया विदेशी तर्ज़ पर
इण्डिया में भी—'आई पी एल' बाअदब, बामुलाहिज़ा हाज़िर
हो गया,
जिसने चन्द सालों में ही हज़ारों करोड़ की सट्टेबाज़ी का नया
रोज़गार
आम जनता की ख़ुशहाली के लिए खड़ा कर दिया।
सिनेमा के लीन पीरियड कहे जाने वाले डेढ़-दो महीने
इसलिए अब आईपीएल तमाशे को समर्पित कर दिये जाते हैं
कि लो ज़नाबे आली छा जाओ इस सिनेमा की सरज़मीं पर।
कर लो इससे गठबन्धन—दोनों का एक ही धरम—मनोरंजन।
जिससे होती है करोड़ों की बरसात
तब भी, खेल को तमाशा बना दिये जाने के बावजूद
चिअर लीडर्स की झन्नाटेदार सरगोशियों से छन-छन कर भी
क्रिकेटरों के जलवे भावनाओं के तूफ़ान के बाज़ीगरों के मुकाबले
फीके ही पड़े रह जाते हैं उपभोक्ता दोहन हेतु।
अफ़सोस, महाअफ़सोस!!

पर तब भी महाबाज़ार हार मानने वाला नहीं है
वह क्रिकेट को जुनूँ की हद तक संक्रामक बनाने मुस्तैद है
कोशिशें जारी हैं पूरे तामझाम के साथ
क्रिकेट को सिनेमाई जुनून के मुक़ाबले बराबरी में स्थापित करने।
आईपीएल की तर्ज़ पर श्रीलंका प्रीमियर लीग के नाम से
नयी कम्पनी स्थापित करने के प्रयास शबाब पर हैं।
और और तमाशे गढ़ेगा बाज़ार इस तरह कि जैसे आज
तीन सौ पैंसठ दिन चौबीसों घण्टे टेलीविज़न पर सिनेमा है,
उसी तरह क्रिकेट की लमतरानियाँ भी छा जायें।
उसने सिनेमा की शिल्पा शेट्टी, प्रीति जिंटा, बिन्दु दारासिंह
जैसी छोटी-मोटी मछलियों को ही नहीं

शाहरुख जैसे महाकाय मगरमच्छ को भी अपने सम्मोहन में
लपेट लिया है।
कई गिल्लियाँ उखड़वाने के बाद चैम्पियनशिप जीतने का
परचम फहराकर बादशाह ख़ान ने यहाँ भी सल्तनत जमा ही ली
और फिर लगातार दूसरी बार भी घिसटती शुरुआत के बावजूद
बतर्ज सिनेमाई हीरोपन्थी क्लाइमैक्स में चैम्पियनशिप जीत डाली
कितना भी कूट-पीट लो लेकिन आख़िर में जीतेगा हीरो ही।

दबंग सलमान भी अब इस तमाशे में उतरने के लिए
कोई टीम ख़रीद-खराद कर सामने आने के लिए बेचैन हैं।
क्रिकेट और सिनेमा का परफेक्ट गठजोड़ खड़ा करना आज
सबसे
पहली प्राथमिकता है महाबाज़ार की।
हर सुर्खी सिनेमा क्रिकेटमय बना देने की।
जैसे हर सब्ज़ी में आलू का कॉम्बिनेशन फिट
वैसे ही हर एड में अमिताभ दद्दा का तड़का हिट!

महाबाज़ार से बढ़कर जगमग है उसका विज्ञापन बाज़ार
गणेश जी से बड़े हैं उनके कीर्तनियाँ मंजीरे।
महानायकों की जितनी कमाई सिनेमा से—क्रिकेट से,
उससे कई गुनी विज्ञापन बाज़ार से
बॉक्स ऑफ़िस पर जितनी रुपयों-यूरो-डॉलरों-पौण्डों की बौछार
विज्ञापनों की उतनी ही लहलहाती फ़सल की बहार।
सिनेमा-क्रिकेट-टेलीविज़न से सैकड़ों कमाओ तो विज्ञापनों से
हाजिर हैं हज़ारों हज़ार
इसलिए महानायकों की निरन्तर रेस जारी है।
इस रेस में जैसे ही कोई पिछड़ा वह घुड़दौड़ से दूर-
कलाकार होने का बेसुरा राग अलापने लगता है।
और जैसे ही आगे निकलता है भूल-ग़लती की छिमा माँग
नये सिरे से किलकिला कर मुस्कुराने लगता है

और नम्बरों में नम्बर वन की गोटियाँ बैठाने लगता है।

इस रेस में जैसे ही कोई जुगनू झिलमिलाया नहीं
कि उसे सूरज-चाँद बनाने की होड़ में लपक लिया जाता है-
अधबीच,
कि और दूसरा कोई न ले उड़े
अब सितारों की चाकरी चाहनेवालों की कमी तो है नहीं इस
ग्लोबल ज़माने में—
अरब-खरब पतियों की रेलमपेल है।
सो सितारा उगल सकने वाले चूजों की डिमाण्ड सातवें आसमान
पर।
पैदा हुए से लेकर क़ब्र में एक पैर लटकाये बैठे हुओं तक
और सिनेमा से लेकर धर्म, राजनीति, क्रिकेट—यहाँ तक कि
क़लमघिस्सुओं के बीच भी सितारा हंट अविराम जारी रखता है
हमारा महाबाज़ार
—महानायक बनाकर जो चाहे सो बेचने के लिए।
यह महाबाज़ार जादू की छड़ी है
कल तक जो झाड़ू लगाता हैं, आज पच्चीस हज़ार की गड्डी
उठाता है
जो नवाजुद्दीन तीन मिनट के रोल के लिए तरस जाता है
वही प्रोड्यूसरों की लाइन अपने दरवज्जे पर लगवाता है।

टेलिविज़न प्रतिपल प्रतियोगियों के पिटारे खोले चालू है
आओ कमाल दिखाओ, सितारा बन जाओ।
महानायकत्व अनवरत गढ़ा जाता है, प्रचारित किया जाता है।

इनसे बढ़कर जगह मीडिया में किसी के लिए नहीं
इनके कमर के बल या पीठ के दर्द की आशंका मात्र
किसी भी ग्लोबल दुर्घटना से बढ़-चढ़ कर है।
ये नवयुग के आदर्श हैं—नौजवानी के रोल मॉडल।

वह नौजवानी जो सरकारी तौर पर इक्कीस की जगह अठारह
और इण्टरनेट के गूगल-टूगल की मेहरबानी से आठ-दस-बारह
में ही
दनदनाती चली आ रही है
धिक्कार है उन पर जो शाहरुख, सलमान, आमिर, कैटरीना,
करीना
की एक-एक धड़कन और हरकत की जानकारी न रखते हों।
अपने माँ-बाप, भाई-बहन के बारे में जानना भी कोई जानना है
चाहते न चाहते हुए भी जानना पड़ जाता है, इस जानने का क्या
मतलब ?
जानना तो सितारों के बारे में जानना है,
अपने ख़्वाहिशों के आदर्श को जानना।
गाँधी विवेकानन्द वग़ैरह प्रणमनीय हों भले चाहे
लेकिन अनुकरणीय तो वही जो आज के आदर्श हैं।
और आज के आदर्श तो वही जो सैकड़ों-हज़ारों करोड़ कमाते हैं
नौजवान धड़कनों को तो वे भी और धड़का देते हैं
जो हज़ारों हज़ार करोड़ लेकर विदेश भाग जाते हैं
वैसे भी देशभक्ति की बात करने का मतलब ये थोड़ी है
कि देश में ही गिट्टी कूटते रहो—जो कूटते रहोगे तो पकौड़ा
तलोगे।
अब मल्टीनेशनल कम्पनियों के चौबारे में फिट हो जाने में ही
उद्धार है
जो वहाँ नहीं जमे तो समझ लो डूबी तुम्हारी पतवार है।

जो हमारी आपकी ज़िन्दगी के हर पल में दख़ल रखते हैं।
हमारी हर ज़रूरत के समय हमें इनकी ज़रूरत पेश आती है
और ये मौजूद होते हैं हर तरह की सलाह और उकसावे के साथ।
इस महाबाज़ार की आहुति बनने के लिए
बेकरारी जगाते हुए
और इसके लिए इन्हें ख़ुद नंगा होने

और किसी को भी नंगा करने में क़तई कोई गुरेज नहीं है,
होना भी नहीं चाहिए
और चिन्तित न हों श्रीमान् ये आदर्श नंगयी है।
इसमें सोलह सिंगार किये और आठों पोशाक धारण किये हुए ही
आप नंगे नज़र आ सकते हैं
आज की नंगयी आध्यात्मिक अवतार ले चुकी है।
कई बाबाओं ने जेल की कोठरियाँ अपनी मौजूदगी से जगमगाकर
और रामदेव बाबा ने अपनी सबसे बड़ी मण्डी सजाकर
महाबाज़ार को जगर-मगर कर दिया है।
परमपूज्य रामदेव जी ने बतला दिया कि अध्यात्म का तड़का
महाबाज़ार में महा मुफीद है-बरास्ता योगा तो सुपर डुपर हिट-
ब्लॉकबस्टर।
हर चैनल पर ख़ास ख़बरों को रास्ता देने वाला विज्ञापन बनकर।

मैडम जी का ज़माना है

मैडम जी का ज़माना है

हुज़ूरे आला, देखिए तमाशा, हाज़िर है ख़ुद उसकी बीबी
तमाशबीनों के बीच
रेम्प पर कैटवॉक करते अपने सुपरस्टार मियाँ की पतलून का
बटन खोलने
या बन्द करने—लीला राम ही जाने, जो जाने तो।
इस अभिराम दृश्य से जो किसी की नैतिकता को मिर्ची लगे तो
घुसेड़ दो उसे ले जाकर चौंसठ पीढ़ी पहले की जमात में।

अब ग्लोबल ज़माना है
दकियानूसी बातें करने से बाज आओ पट्ठो,
भले सोचो सोलहवीं क्या, ईसा पूर्व सोलहवीं सदी की, कोई
फ़िक्र नहीं—
लेकिन रहो, यानी रहने का नाटक करो इक्कीसवीं नहीं बाइसवीं
सदी का।
इसलिए कि बीसवीं तो कब की गयी, अब तो ये इक्कीसवीं सदी
भी
कटी-फटी, पुरानी-धुरानी सी लगने लगी है।
रहे होंगे राजकपूर ज्योतिषी भी, जो आज से चालीस साल पहले
ही
उनकी *बॉबी* हीरोइन ने घोषणा कर दी थी कि वह बीसवीं नहीं
बाईसवीं सदी की लड़की है

इक्कीसवीं को तो सुधर्मा बीच में ही गपक गयी थी।

ये कैरेक्टर ढीले होने पर शर्माने का नहीं इतराने का मौसम है
नौजवानी का आदर्श हमारा सौ करोड़ी सलमान घोषणा कर चुका है—
—मैं करूँ तो स्साला कैरेक्टर ढीला है।
बन्धु, सदा सर्वदा से यही रामलीला जारी है, रासलीला की तर्ज़ पर।
पहले बस ये था कि लुकाछिपी का मामला चलता था—
पर्दे में रहने दो, पर्दा न उठाओ
अब उठाने के लिए सिर्फ़ चड्ढी ही रह गयी है
तुम्हारी चिनचिनाती है तो मूँद लो आँखें
अब सीधे-सीधे
रामलीला के नाम पर
रासलीला ज़माने का ज़माना है।

इस रासलीला में बाधा बने कि समझ लो लतियाए गये।
ज़माने में सिग्नल मिलने पर बोलने का होता है बीड़ू, चुप रहने का
चुप रहना बड़प्पन की निशानी है
ख़ासतौर से खुराफ़ाती बातों का ज़हर नष्ट करने के लिए
चुप्पी बेहद कारगर औषधि है।
जितने समझदार लोग हैं वे मन्द-मन्द मुस्कुराहट फेकते हुए चुप रहा करते हैं।

करो हज़ारों-लाखों करोड़ के भोग का इन्तज़ाम
और करो, कराओ योगा का सामगान
क्योंकि योग महागान से ही दिव्य भोग का महायोग है।
योग से रोग भगाओ और योगा को नया रोगा बनाओ-
ऐसी जबर्दस्त उलटबाँसियाँ रचने में माहिर है हमारा महाबाज़ार-

ठहरा जो सम्मोहन का पिटारा, श्रीमान् बुद्धिमान—
फेल हुए जा रहे हैं कबीरदास।
अब ख़रीदार होने के लिए बाज़ार से गुजरने की भी ज़रूरत नहीं
सब कुछ आपके ड्राइंग से लेकर बेड (रूम) तक हर जगह
हाज़िर
ज़नाब कबीरदास पधारे रहिए अपने तख़्त-ए-ताऊस पर
हम बाज़ार को आपके
श्रीचरणों के नज़दीक से गुज़ार देंगे
हमें आपकी शान-बान मुबारक हैं
हमें तो बस आपकी जेब ढीली होने से सरोकार

ज़नाब प्रेमप्रकाश प्रीतम मदमस्त मुन्नी तेरे लिए
बर्बाद होने को बेकरार है।
नसीबन, होने दे लौंडे को बर्बाद
इसी बर्बादी में आज के ज़माने की आबादी है।
बने बैठे हैं जो नैतिकता के अलमबरदार, अपने फ़र्ज़ी होने की
असलियत
इस अदा से बयान करते हैं कि ज़रूरत के ऐन वक़्त
मौन व्रत साधना की सिद्धि प्राप्त कर लेते हैं।
चुप रहो, व्यवधान मत डालो, इसी ख़ातिर चिन्तित हैं—
इसी चिन्ता पर चिन्तन चल रहा है—यह चिन्तन सदैव चलता
रहता है—
और मुन्नी की बदनामी का जवाब बनाकर शीला की जवानी ला
बिठाई जाती है
और फिर मुन्नी को इस किनारे और शीला को उस किनारे कर
शालू की नंगी मादकता भरे बाज़ार छा जाती है।
राम-राम, कोई मुन्नी अकेली थोड़े ही हैं बाबू,
मुन्नी नहीं तो न सही, शीला हाज़िर
शीला से भी गुरेज तो शालू ख़िदमत में पेश

नहीं सर जी, अब 'इत्र' शब्द का उच्चारण कर
अपनी गयी गुज़री औक़ात का परिचय मत दीजियेगा
ये औरत नहीं, 'आइटम' है हुजूर—सो डियोडोरेन्ट सर जी,
डियोडोरेन्ट,
कुछ देखते सुनते ही नहीं आप, विज्ञापनों से सुहाना वसन्त
खिलखिला रहा है
और आप हैं कि सावन के अन्धे बने बैठे हैं खिसियानी बिल्ली
की तस्वीर
ये नये ज़माने की बेकरार आइटम हसीना इसी से रीझेगी
इसी की महक से पगलाकर वक्षस्थल की नुमाइश करते हुए
तुरन्त घोड़ापछाड़ लिपट जायेगी, चरम का सम्मोहन बनकर।
ये मधुबाला की पलकों पर मयूरपंख से बुलबुल तरंग बजाने का
नहीं
सीधा ठोंकमठोंक का ज़माना है—तेरी कह के लूँगा।
जिसमें घुसना हो घुस ले, घुस मेरी जान—तेरी कह के लूँगा।
भइए, ये सेंसर से पास बात कर रहा हूँ।
ये नये ज़माने की मुहब्बत है
पहली बार में लव हो गया, दूसरी बार में सब हो गया।

सो, जो भी है बस यही एक पल है—न आगे, न पीछे कुछ।
अपने सपनों को नये ज़माने की रंगीनियों से सजाइए
बासी-तिबासी नीति कथाओं पर बेवकूफ़ों की तरह निसार होने
मत जाइये
समझदार बनिये, और इस तरह कि
नासमझी, समझदार न हो पाने के ख़ौफ़ से काँप जाय।
नासमझों को ये महाबाज़ार स्वीकार ही नहीं करता,
उसे समझदार बनाकर ही दम लेता है।
समाज सेवा उसका धर्म है, मर्म है, कर्म है।
देख लीजिये, देख क्या लीजिये—देख ही रहे हैं,
सेंसर बोर्ड द्वारा सभी के दर्शनार्थ प्रस्तुत हमारा सिनेमा कह रहा

है खुल्लमखुल्ला
कि हमारे मन्त्रीगण चोर हैं, पुलिस के साथ मिलकर अपराधियों की मदद करते हैं
और उनकी मदद से चुनाव जीतते हैं
उन्हें भी टिकिट दिलवाते हैं—
और दिलवाते क्या हैं, अब तो वे ही टिकिट के लिए अड़ जाते हैं—
उन्हें हराने की कूवत किसमें है, कौन लेगा पंगा
अब तमाम पार्टियाँ ख़ुद उन्हें पीले चावल देती हैं
कि आओ प्यारे, हमारी टीम में शामिल हो जाओ
वे जीतते हैं और मन्त्री बनने की ख़ुशनसीबी सबसे पहले हासिल कर लेते हैं
और गुहार लगाई जाती रहती है कि राजनीति को अपराधियों से मुक्त करो।
ठीक है कर देंगे अपराधियों से मुक्त भी
लेकिन पहले ये तो साबित हो जाये कि अपराधी है कौन?
जब तक अदालतों का फ़ैसला आ पायेगा
तब तक तो आधा दर्जन चुनाव निपट जायेंगे।

सिनेमा कह रहा है—मन्त्री जी किडनैपिंग का रैकेट चलाते हैं,
पता ही नहीं चलता कि अण्डरवर्ल्ड उनकी मुट्ठी में है
या वे अण्डरवर्ल्ड की मुट्ठी में।
यानी मन्त्री जी डॉन के भी डॉन
और जजमेण्ट दे रहा है अमरीका रिटर्न रिसैसन
यानी महामन्दी का मारा—एन.आर.आई.
जो आज हिन्दुस्तान में भगवान का दर्जा रखता है
कि इण्डिया का अण्डरवर्ल्ड तो ग्लोबल कॉर्पोरेट से ज़्यादा ईमानदार है।

सारा प्यार है बेकार पैसा गर न पल्ले

डॉलर पौण्ड या दीनार, गड्डी पैसे से चल्ले
फँस गये रे ओबामा
ढीला हो गया रे पैजामा।

यदि यह सच्चाई है तो हमारे रहनुमाओं को शर्म क्यों महसूस नहीं होती
और जो सच्चाई नहीं है तो ऐसी फ़िल्में बनाने वालों को
कठघरे में क्यों खड़ा नहीं किया जाता?
जो एक-दो नहीं पूरी चार सौ बीस, क्या आठ सौ चालीस है
यह सच्चाई किस तरह बर्दाश्त की जा रही है, सब मौन हैं
ख़ूब जानते हुए कि इस मौन के असली मतलब क्या हैं?
सारा नैतिकता पुराण धोखे की टट्टी है,
—क्या नहीं?

छोड़िए ये साम्प्रदायिकता-वाम्प्रदायिकता का देस राग
अमरीका हवाई जहाज में उड़ना सीख जाओ
वर्ना उसी पुलिस इंस्पेक्टर की तरह दनादन थप्पड़ खाओगे
मुन्नी मैडम की सिपहसालारनियों से, जो सरेआम पुरुषों का भोग लगाती हैं
और खाओगे कोड़े, नहीं मिलेंगे पकौड़े।

सत्ता के लिए हर हथकण्डा जायज है उसके रखवाले हर क़ानून से ऊपर
अपनी पर आते ही हर सच्चाई का गला घोंट देते हैं।
तो मचाने दो हल्ला सिरफिरों को
इसी हल्ले को तुम भी अपना हथियार बना लो
होने दो हल्ला, इतना हल्ला करो कि सिर्फ़ हल्ला ही सुनाई दे
हल्ला हर समस्या को दफ़नाने का सबसे कारगर उपाय।
ऐसा हल्ला कि गोलियों, बमों के धमाकों की धूमधड़ाम से बढ़कर

संगीत की स्वरलहरियों के धमाके गूँजें।
टीन कनस्तर पीट-पीट के गला फाड़कर चिल्लाना।
हे बेबी, प्लान कैरी ऑन, वैलडन अब्बा
सब कुछ इतना नंगा है कि चमड़ी तक उतार फेंकने का इशारा
पूर्व प्रस्तुत है विकास नाम का चश्मा आँखों पे चढ़वाकर।
चलो, सीधे वीरगाथाकाल में चलो और वहाँ से
सीधे नाक की दिशा में चलकर नये महावीरगाथा काल में प्रवेश करो।

नैतिकता का ठेका जिस प्रशासन क़ानून के हवाले है
उसका हाल बेमिसाल-क़ानून की आँखों पर पट्टी पहले से बँधी थी
अब उसे ऐसा लूला लँगड़ा भी बना दिया है
कि बेचारा नौ दिन में अढ़ाई कोस भी नहीं चल पाता।
तुम *मुक़द्दर का सिकन्दर* हुए तो मुक़दमे का फ़ैसला सुनने की
ख़ुशनसीबी तुम्हारे नाती-पोते पा ही जायेंगे।
और तुम्हारे समाज की हालत ये है कि जो भ्रष्टाचार में आकण्ठ डूबे-
वही भ्रष्टाचार दलन मिशन के अगुआ की पगड़ी धारण किये-
भ्रष्टाचार से भिड़े हुए हैं।
इस तरह मिटाया जा रहा है कि भ्रष्टाचार ख़ुद अपने दलन पर
मुस्कुरा रहा है।

सर जी, औरत तो बहुत नंगी की जा चुकी
द्रौपदी वाला क़िस्सा बड़ा पुराना हुआ
अब औरतों से बढ़कर मर्दों की नंगयी प्रयोज्य है।
औरतों से बढ़कर मर्द वक्ष प्रदर्शन कर रहे हैं, सलमान की तर्ज़ पर
अनेकानेक कमीज़ें फाड़ रहे हैं—और तो और, अब नायिका अगने हाथों

नायक की कमीज़ फाड़कर
उसके वक्ष की नुमाइश से कुछ ग़ज़ब ही फ़रमाइश कर रही है।

महाबाज़ार सिर्फ़ मर्दों का नहीं
वह औरतों की सेक्सुएलिटी के सैटिस्फैक्शन को भी
क़तई नज़रअन्दाज़ नहीं कर सकता।
उसे अपने हर उपभोक्ता का पूरा ख़याल है। लिंग भेद मंज़ूर नहीं।
कपड़े उतार फेंकने के लिए सलमान और मलाइका को एक जैसी छूट है
मर्द–औरत बराबरी की ऐसी सटीक मिसाल है कहीं और?
जिसका सपना देखते तुम न जाने कब से बिलबिला रहे हो
प्यारे–प्यारे घण्टा हिलाते बुद्धिजीवियो!
वह बस एक ही झटके में आर–म् –पार है, तेरा तीर ओ बे पीर,
मुन्ने, अब तेरी मुन्नी एटम बम हो गयी है, अमिया से आम हो गयी है
नेकनामी की ऐसी कम तैसी
कब से दिखाये जा रहे हैं जोबन के उभार, कोई आज की बात है क्या?
कहो तो चलें सौ–पचास साल पीछे के जोश मलीहाबादी साहब के ज़माने में।
हुआ बस ये है कि अब जंग जीतने बाख़ुदा खुलेआम बदनाम हो गयी है
गुल से गुलिस्तान हो गयी है
क्योंकि इसी में असली दम है—इसी दम में दाम है।

न जाने किस पुरानी–सुरानी फ़िल्म कर टटका सा डायलॉग है—
मन मिले न मिले, तन का फ़ायदा ही काफ़ी है—
आज के महाबाज़ार की यहाँ सटीक व्याख्या है।

और जो मन होता भी हो किसी चिड़िया का नाम
तब भी उसे रहना तो इस तन के पिंजरे में ही है
तो यही तन सोना है, चाँदी है, हीरे-जवाहरात है
सो इसी की आराधना परम कर्तव्य—वर्ना तुम उसे रखोगे कहाँ
दीनबन्धु?
दिलरुबा को बसाने के लिए मरने के बाद भी ताजमहल चाहिए।

जहाँ पुरातनपन्थी मान्यताओं को चुनौती देकर
सार्थक जीवन बिताने की आकांक्षा रखने वाले नौजवानों को
ऑनर किलिंग का शानदार टैग लटकाकर
मौत के घाट उतार दिया जाता है
पहले से अपने हाथों ख़ुद लुटाई जा रही इज़्ज़त बचाने के लिए
जहाँ बाल बराबर बातों पर
जनमानस की सामाजिक-सांस्कृतिक-धार्मिक भावनाओं को
गहरी चोट लग जाया करती है
वहीं टेलीविज़न पर अविराम नंगा नाच
रियलटी शोज के शानदार घटिया से घटिया फूहड़पन
और बीभत्सतम शारीरिक और मानसिक हिंसा देखकर भी
किसी के माथे पर एक शिकन तक नहीं पड़ती, जूँ नहीं रेंगती
सामाजिक, सांस्कृतिक, धार्मिक भावनाएँ नहीं बिलबिलातीं।
कैसे तिलमिलाएँगी हुज़ूरे आला, कैसे?
ऐसे वक़्त कैसे लगेगी किसी को चोट
उल्टे रामधुन चलेगी, कमर मटकाकर देशभक्ति झूमेगी।
और भला कौन करेंगे बापू की समाधि पर यह महाअभियान?
जी हाँ जनाब, वही हमारे रहनुमा सूरमा भोपाली।
बाज़ार की चकाचौंध ही ऐसी है—चकमक...चकमक
कि सब कुछ इसी की दम पर प्रायोजित है
सब कुछ यानी सब कुछ
यानी जो कुछ है वह सब कुछ, इसी की दम पर। जीवन-मरण,
सब।

चाहे किसी बापू का प्रवचन हो या योगाचार्य की सनसनाहट
जिसे भी हज़ारों करोड़ के धन्धे में तब्दील किया जा सके—वो जो भी हो—
इस महाबाज़ार में ताल ठोंक कर समा सकता है।
यहाँ कोई भेदभाव नहीं, हर किसी की हर रवायत सर आँखों पर।
आओ बाबा, पधारो—आप अपने हज़ारों करोड़ के
आयुर्वेदिक रंगारंग के साथ पधारो, सुस्वागतम्।
भोगा के मैदान में योगा का रंग-बिरंगा अध्यात्म चमकाओ।
महाबाज़ार बख़ूबी वाक़िफ़ है कि धर्म और देह
धन्धे के सबसे पुराने और सबसे कारगर हथियार हैं।
और योग बाबा तुम तो हो सबसे समझदार महाबाज़ार अवतार
सब कुछ ख़रीदने और बेचने को तैयार
तुम धरम और तन्दुरुस्ती के नाम पर बेचो
पहले बीमार करो फिर दवाइयाँ बनाकर बेचो
पहले दवाई का दाम सौ बताओ फिर पचास परसेंट की छूट देकर
दस का माल पचास में बेच डालो। धन्य हो बाबा, आप धन्य हो!!

महाबाज़ार ने तुम्हारी तमाम दकियानूसी परिभाषाएँ बदल दी हैं।
परायी चूपड़ी देखकर ख़ूब ललचाना सिखला दिया है।
तुम्हें रूखी-सूखी खिलाकर ख़ुद चूपड़ी हड़प जाने वालों की
पोल खोलकर तुम्हें असन्तुष्ट होने का मज़ा समझा दिया है।
अब सन्तोषी कभी सुखी नहीं होता, सो बच्चा—
सन्तोषी माता का भजन करने का और शुक्रवार का व्रत रखकर
हमेशा असन्तुष्ट बने रहने का।

विकास के लिए असन्तुष्ट होना अवश्यंभावी है।

सन्तुष्ट हुए और थमा विकास का पहिया।
साइकिल से बाइक, बाइक से कार, से लग्ज़री कार
से करोड़ों-करोड़ की कार और फिर हेलिकॉप्टर तब ही आयेंगे
जब कभी किसी मोड़ पर सन्तोष तुम्हारे पास नहीं फटकेगा।
सन्तोष पास आया तो बनायेगा लल्लूलाल मुफ़लिसिया
कोई घास तक नहीं डालेगा दीनदयाल
अब नहीं है ज़माना रहने का फटेहाल
एअरकंडीशनर अय्याशी में अमरीका की नाक काटने का है ज़माना।
साधू-सन्तई चमकाने के लिए भी करोड़ों-करोड़ का धन्धा ही चलाना होता है।
दुर्वासा बनकर काम नहीं चलने वाला।
मिस्टर दुर्वासा, अब नहीं हैं तुम्हारे श्राप से डरने वाली शकुन्तलाएँ।

यही नये कॉर्पोरेट ज़माने का फण्डा है
जिसका झण्डा उठाये तमाम महानायक सरपट कवायद कर रहे हैं।
जिसके डण्डे का प्रसाद पाने महामहिम शख़्सियतें
बलबल-बलबल, बलबला रही हैं।
जिसकी नंगयी का सेंसेक्स जितना ऊँचा, वो उतना बड़ा महानायक।
ये सेंसेक्स गिरा सर जी, तो मैडम जी
आनन-फानन दूसरे पाले में नज़र आयेंगी।
पतिव्रता सीता नारी रामचन्द्र को बनवास हेतु पठा देंगी।

नंगयी की कारगुज़ारियाँ होनी चाहिए ऐसी दिलफरेब
कि तबीयतें हो जायें बाग़-बाग़
चाहे बरसे झमाझम पानी चाहे लगे आग
पर नंगयी के अन्दाज़-ए-बयाँ हों ऐसे सम्मोहक, पुरलुत्फ
कि ज़माना ख़ुद-ब-ख़ुद हो जाय नंगा होने को बेकरार
डर्टी पिक्चर के लिए हो सावित्री छवि परिणीता तलबगार।

अब उलटे चलकर ही तरक़्क़ी का सीधा रास्ता मयस्सर है
चार सौ चालीस बोल्ट से कम के झटके की गुंज़ाइश ही नहीं
सो अँधकार चहुँओर चिल्लाता रहे
अमावस को पूर्णमासी का प्लेटिनम तमगा पहनाते हुए
यही अँधेरा असली उजाला है प्यारे, यही असली उजाला है।
सूरज को ढक लें बादल भले
पर हमारी नियॉन रोशनियाँ सर्वदा जगमग हैं
मोरा गोरा अंग लइले मोहे श्याम रंग दइदे का खटराग छोड़ा
तो जीत लिया न ऑस्कर
जय हो! ऑस्कर की जय हो!!
तब ही न देशभक्त आमिर साहब देसी इनामों से कतराते
ऑस्कर के लिए लार टपकाते हैं।
पर बातें सिर्फ़ देसी की और आँखें वहीं सिर्फ़ और सिर्फ़ परदेसी
पर

शोध का ज़माना है, लगातार शोध जारी हैं।
प्लास्टिक के फूलों में जो सुगन्ध है
वो बगिया में खिलने इठलाने वाले मनहूसों में कहाँ?
अमावस के गुणगान में ही आई बहारां आई हो
प्लास्टिक के एक ही फूल में हमने तमाम सुगन्धें भर दी हैं
प्यारे, नकली कहते हो जिसे, वही असल असली है
जिसे कहते हो असली वह नकली के दाम महँगा।
असली वही जिसे कहे असली—महाबाज़ार।
असली क्या है, नकली क्या है पूछो इस महाबाज़ार से।

असली वही, जिस पर महाबाज़ार का ठप्पा।

आलू बेचो राजकपूर

राजकपूर की आख़िरी निर्देशित फ़िल्म *राम तेरी गंगा मैली* ने
व्यावसायिक सफलता के नये कीर्तिमान रचे और आलोचना,
विवाद,
चर्चा-कुचर्चा के भी। यह १९८५ की सबसे कामयाब फ़िल्म
थी।
वे अपनी बेहद खराब सेहत के बावजूद सिनेमा के बाज़ार में
सिनेमा से अपनी मुहब्बत का एक नया तमाशा पेश करने को
बेकरार थे।

उस समय उनके एक डिस्ट्रीब्यूटर अज़ीज़ ने यह मशविरा दिया
कि आप अपनी सेहत का मुलाहिजा कीजिए
इस हालत में फ़िल्म बनाने से बहुत बेहतर ये होगा
कि हुज़ूर, भारत सरकार से रूस में आलू एक्सपोर्ट करने का
एक परमिट हासिल कर लीजिए
तो और अब रूस में 'आवारा हूँ' की टेक पर राजकपूरी आलू
बेचकर
एक साल में उससे चौगुनी कमायी कर लीजिए
जितनी चार साल में बमुश्किल एक फ़िल्म बनाकर कर पाते हैं।

और राजकपूर साहब थे कि हिकारत भरी मुस्कुराहट में यूँ बुदबुदाए
जैसे ख़ुद को ही सम्बोधित कर रहे हों

तो अब राजकपूर के ये दिन आ गये कि वह आलू बेचेगा।

उस सच्चे शुभचिन्तक दानिशमंद ने कितनी नेक सलाह दी थी
आखिर फ़िल्म बनाकर रुपया ही तो कमा रहे हैं हुज़ूर-ए-आला,
चार-पाँच साल में हाड़ पिघलाऊ मेहनत से इस उम्र में
खून की उल्टियाँ करते हुए तो *राम तेरी गंगा मैली* बनायी थी।
कितना कमा लिया—आपके लिए इतना क्या, इसका कई गुना
कमा लेना
चुटकी बजाने की बात है।
और हिट फ्लॉप की कोई चिन्ता नहीं।
सो उस समझदार ने सीधा सच्चा रास्ता सुझाया था।
जिसमें हर्र लगे न फिटकरी और रंग चोखा ही चोखा।
आलू बेचो राजकपूर, फ़ायदा ही फ़ायदा है और नो टेंशन।
इसमें उस बेचारे की क्या ग़लती, वह तो ज्योतिषी था, भविष्यवाणी
कर रहा था
अरे भइये, आलू क्या! आलू चिप्स बेचोगे
जो कहेंगे, सो बेचोगे और बेचोगे नहीं, बेच-बेचकर इतराओगे
तुम नहीं सही, तो तुम्हारे आगे आने वाली पीढ़ी सही।

ये चोखा रंग सिरफिरों को रास नहीं आता
चाहने वाले तक बमुश्किल जान पाते हैं, कोई समझदार कैसे
जाने
और जाने ही क्यों?
पर वह जानता है, जानता ही नहीं मानता भी है—
हराम की छोड़े, हलाल की खाए, माँ कहती है
पाँच-दस नहीं अपना इक्का ही काफ़ी है—हलाल का।
जो ज़िन्दगी की मुफ़लिस मुस्कुराहटों पर निसार हो जाने में ही
कामयाबी मानता है—जीना यहाँ, मरना यहाँ।
जिसकी समूची ज़िन्दगी में हर पल सिर्फ़ सिनेमा और सिनेमा है।

और जो रोज़गार की ही बात है तब भी वह बहुत पहले से,
कि शुरू से ही इतना तो जानता है कि ये बम्बई है मेरे भाई—
बम्बई ! यहाँ ईमानदारी का एक रास्ता निकाल पाना टेढ़ी खीर है
और बेईमानी के चार सौ बीस रास्ते पूरी ईमानदार मुस्तैदी के साथ
सदा-सर्वदा आठों पहर खुले रहते हैं।
वह बम्बई अब मुम्बई हो गयी तो क्या, रास्ते तो वही हैं
तब भी बाज़ार थी, चलो आज महाबाज़ार है
आज मायानगरी है तो तब भी कुछ इससे बड़ी ही मायानगरी थी।

राजकपूर के साथ हिन्दी सिनेमा के सुनहरे दौर की त्रयी बनाने वाले देव आनन्द साहब तो अभी २०१२ में ही विदा हुए हैं कोई नब्बे को छूती उम्र में
और हिन्दी सिनेमा में एक्टरों के मुग़ले आज़म दिलीप साहब छियानबे की उम्र में
आज भी मौजूद हैं भले अज्ञातवास में ही सही।
राजकपूर१९८८ में जोकर को हक़ीक़ी जामा पहनाते हुए
जोकर मानिन्द तमाशा खड़ा कर अलविदा ज़रूर कह गये
लेकिन आज भी वे वर्तमान की उपस्थिति हैं।
दिलीप कुमार को तो दो दशक गुज़र गये मौन हुए
देव आनन्द ज़रूर आख़िरी दम तक सक्रिय रहे।
उनके लिए बस यही धुन अपरिहार्य थी—
कि अपनी ही धुन में बहते चले जायें-रोमेंसिंग विद लाइफ
—मैं ज़िन्दगी का साथ निभाता चला गया—
सफलता-असफलता, हिट-फ्लॉप की हर फ़िक्र को धुएँ में उड़ाते हुए।

पर बाज़ार में अखण्ड नौजवानी का प्रतीक बनकर तब भी कभी
चूरन-चटनी-साबुन-तेल बेचते नज़र नहीं आये।
किसी नौजवानी बरकरार रखने वाले टॉनिक, च्यवनप्राश या

जवानी में हिलोरें उठाने वाली रंगारंग गोलियों के विज्ञापन हेतु
बिटिया रानी की नातिन से लेकर नानी की जवानी तक के
सपनों के राजकुमार ज़िन्दगी के नवें दशक में नौजवान अदा
सिम्बल
देव आनन्द से बढ़कर मुफीद भला और कौन हो सकता था!
जो देव साहब फर्राटे से सीढ़ियाँ चढ़ते फरमाएँ कि
इस अठासी साला जवानी का राज है
फलानी गोलियाँ, ढिकाना च्यवनप्राश
इनका सेवन करो और जवानी की दौड़ लगाओ
तो निसार हो जायें एक साथ चार-चार पीढ़ियाँ।
और स्क्रिप्ट राइटर उनके लिए जोड़-तोड़ लाते क्या-क्या पैंतरे।
पर अफ़सोस यूँ न हो सका
जियो जी भर के लल्लू, लल्लू के बाप कल्लू,
कल्लू के दल्लू और चचाजान पिल्लू।

आज भी ऐसे नाशुकरे मौजूद हैं
जो सब कुछ बेचने के लिए मैदान में आना पसन्द नहीं करते।
जो अपनी पीपनी पिनपिनाते हुए कोने में पड़े बिसूर रहे हैं।
जिसे वे अपनी नादानी में बिकना समझते हैं—
यह नहीं समझते कि ज़िन्दगी का धन्धा ख़रीद-बेच बग़ैर नहीं
चलता।
पर तब भी सिनेमा उनके लिए हानि-लाभ की बैलेंसशीट नहीं
पैशन है, मुहब्बत से लबालब आत्मिक-सामाजिक ज़िम्मेदारी
है।
अभिव्यक्ति का आनन्द अर्जित करने की बेचैनी है।
और महाग़ज़ब ये कि इस ग्लोबल बाज़ार का काम भी
इन्हीं सिरफिरों के बग़ैर चलता नहीं
इसलिए कि बाज़ार में टिके रहने के लिए भी लाज़िमी है—
यही सिरफिरापन—भले ही, अनिवार्य बुराई की तरह।

कोई आमिर खान किसी आशुतोष गोवारीकर के सपने में डूबकर
ही
बज़रिये *लगान* तन्मय समर्पण की राह तलाश पाता है
बाज़ार की चोटी पकड़ पाता है—क्या किया जाय!
इस चोटी पकड़ उत्थान वास्ते भी यही सिरफिरापन दरकार है।
बाज़ार में खड़ा आमिर *गजनी* में क्रूरता के ताण्डव का भी हिस्सा
बनता है।
मंगल पाण्डे की अफलातूनी क़िस्सागोई में
अहम्मन्य भटकाव का शिकार भी होता है
लेकिन *तारे ज़मीन पर* और *रंग दे बसन्ती* ही नहीं,
थ्री ईडियट्स में रोज़गारी पाश भेदकर
हिन्दी सिनेमा को नयी बुलन्दी पाने की कोशिश का
सशक्त स्तम्भ बनता है।
और यह कोशिश अकेली नहीं है, लगातार चल रही है
आज २०१८ में जब हिन्दू-मुसलमान, भारत-पाकिस्तान का
तूर्यनाद है
तब भी कोई *रॉ वन* के जाल में उलझने वाला अनुभव सिन्हा ही
मुल्क लेकर सामने आता है और दिलोदिमाग़ में उतार देता है
कि मुल्क धर्म और जाति के विघटनकारी चोचलों पर खड़ा नहीं
होता।
उसे अपने अस्तित्व के लिए दरकार होती है इनसानी मुहब्बत
की ज़मीन की।
सिनेमा वह कला रूप है जिसका काम बाज़ार में खड़े हुए बग़ैर
चल ही नहीं सकता, कभी नहीं चला।
प्रदर्शनकारी सामूहिकता आधारित कलारूप बाज़ार में उतरने या
किसी का आश्रय प्राप्त करने हेतु अभिशप्त हैं।
सिनेमा की तो पैदाइश ही भरे बाज़ार की है।
ये तो तमाशा ही तूफ़ान से खेलने वालों का है।
ये भला कहाँ इस महाबाज़ार से डरने वाले हैं।
महाबाज़ार के पहले का बाज़ार इससे ज़्यादा ही शातिर था।

आज जितनी ज़रूरत सिनेमा को महाबाज़ार की है
उससे कहीं बढ़कर महाबाज़ार को सिनेमा की है।
जब सामाजिक जीवन में हक़ीक़ी आदमकद ढूँढ़े न दिखें
तो ख़याली महामानवों का ही परचम लहराता है।
पर तब बाज़ार को बड़ी ज़रूरत नहीं थी सिनेमाई सितारों की।
तब वे रहबरों के संग थे आज रहबर उनके संग हैं।

सिनेमा इस बाज़ार से हमेशा बेख़ौफ़ रहा
यहाँ अँगूठा छाप महबूब *मदर इण्डिया* का चिरनूतन क़िस्सा गढ़ता है
और लगभग इसी वैरायटी के महापण्डित ज़नाब के. आसिफ
आधी सदी से भी पहले मुहब्बत का वह शानदार शाहकार अता कर गये
जो आज भी महाबाज़ार के करोड़ों-अरबों को मुँह चिढ़ाता है
अखाड़े के धरतीपकड़ पट्ठे की तरह आसिफ का *मुग़ल-ए-आज़म*
अपनी चिरयुवा लाजवाब शान-ओ-शौकत पर मुस्कुराता है।
इसलिए कि बग़ैर दीवानगी, दुनिया भर की दौलत कला की कोई
मुज़स्सम कृति रच ही नहीं सकी—कभी।

सिनेमा बाज़ार से नहीं घबराता इसलिए कि ये मुमकिन नहीं
सो महाबाज़ार में और खुलकर खेल हो रहा है।
इसी खुले खेल में रानी जी टमटम से झाँकी हैं, गाड़ी से गाड़ी लड़ी है।
और यहीं मुहब्बत की रेल चली है।
और इसी बाज़ार में गुरुदत्त अपनी हौलनाक शख़्सियत की
दुर्निवार निराशावादिता का मासूम चिराग जलाते रहे
—जाने वे कैसे लोग थे जिनके प्यार को प्यार मिला।
यहाँ सबकी गुज़र थी और है। मनमोहन देसाई की भी,
श्याम बेनेगल की भी और बासु चटर्जी की भी।

यहाँ *शोले* सुपरहिट होती है तो *जय सन्तोषी माँ* भी।
जिस १९५७ में *मदर इण्डिया, प्यासा, नया दौर, पेइंग गेस्ट,*
चोरी-चोरी, दो आँखें बारह हाथ, तुमसा नहीं देखा जैसी सुपरहिट
और सुपर म्यूज़िकल फ़िल्में आयी थीं, उस १९५७ में अपने
समय के सबसे
कामयाब म्यूज़िकल प्रोग्राम 'बिनाका गीतमाला' में साल का
सर्वश्रेष्ठ
गीत बना था—एक साधारण तब भी बेहद कामयाब फ़िल्म—
'जनम जनम के फेरे उर्फ सती अन्नपूर्णा' का गीत—
'जरा सामने तो आ ओ छलिए, छुप-छुप छलने में क्या राज़ है!'

आज यह विविधता और प्रखर हो रही है
अब नदी में डुबकी लगाने वालों से बढ़कर
सागर की उत्ताल उमंग से भरी गगनचुम्बी लहरों पर आरूढ़
झूला झूलने वाली एक समूची नयी पीढ़ी है पूरे जोश और दीवानगी
के साथ
जो बहुरंगी-बहुआयामी सिनेमा गढ़ रही है।

एक ओर मुन्नी और शीला की जवानियों के चलते कैरेक्टर ढीला
हो रहा है
तो दूसरे ठौर पर इस इमोशनल अत्याचार से रिहाई की गुहार
लगाने वाला
इक्कीसवीं सदी में *देव डी* बना देवदास
नयी पीढ़ी की ज़बरदस्त तवज्जुह पाने में कामयाब है।
अब पुरानी पीढ़ी के हो गये संजय लीला भंसाली, करण जौहर,
मधुर भण्डारकर वग़ैरह भी हैं और उन्हीं के साथ आदित्य चोपड़ा
भी
नये-नये फ़िल्मकारों को रोप रहे हैं
वहीं अनुराग कश्यप भी हैं और उनसे जुड़े दिबाकर बनर्जी,
तिग्मांशु धूलिया, विक्रमादित्य मोटवाने,

और सुभाष कपूर, राजकुमार गुप्ता वग़ैरह भी
और सब अपनी रचनात्मकता से चौंका रहे हैं,
अभिभूत कर दिल जीत रहे हैं।
आज हिन्दी सिनेमा की मूलधारा में जिसे अज्ञानता व्यावसायिक सिनेमा
कहती है, अज्ञानता इसलिए कि बग़ैर व्यवसाय के सिनेमा होता ही नहीं
—इतने विविध अवसर हैं कि आपके लिए सबसे बड़ा सवाल चुनाव का है।
आज स्वप्नदर्शी भी अधिक अवसर सामने पाते हैं।

१९७०-८० के दशकों में ताराचन्द बड़जात्या यहाँ शुद्ध वैष्णव शाकाहारी चुनाव
कर अंचलों से लेकर क़स्बों, नगरों तक भरपूर कामयाबी से देसी खीर
चटाने में कामयाब हुए। सीमित बजट में आंचलिक जीवन की
भावना प्रधान फ़िल्मों की उन्होंने क़तार लगा दी। बग़ैर बड़े सितारों वाली
उनकी ज़्यादातर फ़िल्में कामयाब हुईं। उन्हीं के पोते सूरज कुमार बड़जात्या ने
उस देसी स्वाद की महानगरीय धमक से कामयाबी मात्र हासिल नहीं की
अपितु नये अन्तर्राष्ट्रीय बाज़ार का अरबपति सपना रोप दिया।
आज की मल्टीप्लैक्स संस्कृति का करोड़पति परिदृश्य सबसे पहले उसने ही प्रस्तुत
किया—*हम आपके हैं कौन...*के प्रदर्शन हेतु भव्य सिनेमाघरों की अवधारणा
प्रस्तुत कर जिसने अन्तर्राष्ट्रीय बाज़ार का नक़्शा समझाया।
जो माल एक में बेच रहे हो, वह दस में बेचा जा सकता है
और दुनियाभर में बसे इण्डियंस में बेचो तो एक के सौ-पचास।

और आज सबसे कामयाब महानायक वही जो डॉलर, पौण्ड
कमाकर लाये।
जो जितनी विदेशी मुद्रा बटोर सके उतना ही कामयाब।
कहते हैं जिसे फॉरेन टेरेटरी
शुद्ध देसी है ये
तुम्हारे देश के परदेसियों की टेरेटरी
ये देसी-परदेसी जिन पर धन की वर्षा करते हैं
वे ही सबसे बड़े महानायक।

देसी महानायक सलमान और परफेक्शनिस्ट आमिर इसीलिए
विदेशी टेरेटरी के बादशाह शाहरुख को लंगी नहीं मार पाते।
दबंग देसी सुपरहिट तो *माइ नेम इज खान* विदेशी सुपरहिट।
परदेसी मिज़ाज तुम्हारी देसी खुराफ़ातों का मुरीद नहीं।
उसे हसीन धड़ाकेदार ग्लोबल तराने चाहिए
और उठाना है तो आतंकवाद जैसा अन्तर्राष्ट्रीय मुद्दा उठाओ।
यहाँ हिन्दी की तरह देसी मामला वर्जित है।

यह महाबाज़ार, ग्लोबल अँग्रेज़ी सपना बाहर से बढ़कर
हमारे भीतर है। हमारे सपनों का सच है—
हमारी सीमाहीन लालची भूख ने ख़ुद ही इसका आवाहन किया
है
हज़ारो-करोड़ों के शून्य में उलझते-उलझाते
एक पचाने की कूवत पैदा नहीं करते
हज़ारों के अम्बार लगाते चले जाते हैं
आलू, कचालू जो कहो सब बिकवा देंगे तुम्हारा, हम महानायक।
दुहाई देने में कमी नहीं करेंगे कबीरा की
और ठेंगा दिखा देंगे बाज़ार में खड़े होकर सबकी ख़ैर मनाने
वाली
मुहब्बतपसन्द सादगी को
मचा देंगे राम नाम की लूट, लूट सके सो लूट

सो ये तो होना ही है कि अपनी ख़ैर मनाना भूल जायें।
आज आलम ये है प्यारे कि किसी और की तरफ़ उठी अँगुली
अपनी ही आँखों के आईने में अपनी ही ओर उठी
साफ़-साफ़ दिखती है। भीतर रामनामी डिस्को होने लगता है,
स्साले दरिद्रनारायण ख़ुद लुटेरा लुटेरे को ढूँढ़ रहा है।

तब भी महाबाज़ार से ज़िन्दगी के बाज़ार की जंग जारी है
कोई नहीं जानता ऊँट किस करवट बैठेगा
लेकिन तब भी महाबाज़ार जानता है कि अब *स्त्री* खम ठोंककर
खड़ी है
तो मर्द को दर्द होना लाज़िमी है
और *सुई धागा* भी ब्राण्ड बन सकता है।
इक्कीसवीं सदी की दूसरी दहाई के आख़िरी छोर पर
आज देसी माल की जय-जयकार है
और महानगरों के सामने क़स्बे सिर उठाकर खड़े हो रहे हैं।

यूँ बनता है कोई बादशाह!

यूँ बनता है कोई बादशाह!

जोश–ओ–जुनून से छलछलाते जाम–ए–जम,
अदम्य हौसला और सम्पूर्ण समर्पण के संकल्प की ज़मीन पर खड़ा
वह इस मायावी दुनिया में दाख़िल हुआ
और आया कि छा गया, बस छा ही गया
और भा गया नौजवान हसरतों की दीवानगी को।
जिसने भारी–भरकम होते लवर बॉय को हीरोगिरी से बेदख़ल कर
उसके लिए सिंहासन पर क़ब्ज़ा ज़माने का रास्ता प्रशस्त कर दिया।

हमसफ़र थी तो बस मुहब्बत में रची–पगी दीवानगी
जिसने बीसवीं सदी का आख़िरी दशक उसके नाम लिख दिया
इस तरह कि वह महाबाज़ार का पहला महानायक बनकर उभरा
हिन्दी सिनेमा की मायानगरी में जिसकी कोई नींव नहीं थी
ठीक उसी तरह जैसे सत्तर के दशक के समागम के साथ
एक चिंगारी शोला बनकर भड़की थी अमिताभ बच्चन के नाम की
फिर बीसवीं शताब्दी की आख़िरी चौथाई में
और ख़ासकर १९७५ से ८५ तक समूचे दशक में
सिर्फ़ और सिर्फ़

अमिताभ ही अमिताभ थे।

कभी कमी नहीं होती उनकी चौखट पर नाक रगड़ने वालों की
जो आसमान पर चमकते हैं।
तब कहा ही जाना चाहिए था और कहा ही गया कि बस,
आज एक से दस तक जो है वह है अमिताभ बच्चन
और तब अमिताभ ने ही कहा था अपने किसी इण्टरव्यू में
कि मैंने भी बहना शुरू किया जीवन की आपाधापी में...

१९७५ से ८५ तक जो भी सफलता थी वह अमिताभ बच्चन की
सफलता थी। अभिनेताओं के नाम अलग होते थे लेकिन ढाँचा
वही
होता था जो अमिताभ की फ़िल्मों से बना दिया गया था।
लवर ब्वाय भी तमंचे चला रहे थे, घूँसे बरसा रहे थे।
था तो बस एक—एंग्री यंगमैन था
और बाक़ी जो थे—उसके क्लोन थे।

और फिर १९८५ से ९२ तक अमिताभ ख़ुद अपने ही क्लोन की
तरह
सफलता की ऊँचाई तलाशते रहे
और अन्ततः १९९२ में '*ख़ुदा गवाह*' के साथ
विवेकपूर्ण निर्णय लेकर स्वयं पाँच वर्षों के लिए
स्वैच्छिक अवकाश पर चले गये। १९८४ में '*शराबी*' के बाद
उनकी किसी फ़िल्म ने अमिताभ के चमत्कारिक जादू का नया
अन्दाज़ खड़ा नहीं किया, जुनून तारी नहीं हुआ।
शहंशाह, जादूगर, तूफ़ान, गंगा-जमना-सरस्वती, आखिरी रास्ता,
मैं आज़ाद हूँ जो सफलताएँ भी हों तो
सीले पटाखे की धमक जैसी सफलताएँ थीं
इनमें अमिताभ के विस्फोट की कोई गूँज नहीं थी।
बाज़ार अच्छे-बुरे से नहीं, सिर्फ़ महारोज़गार से सफलता आँकता

है।

नहीं,

चूक नहीं गये थे अमिताभ

और न एकाएक कोई खराब एक्टर हो गये थे

बस उनका कोई नया अन्दाज़ गढ़ा नहीं जा पा रहा था

और पुराना आकर्षण जुनून तारी नहीं कर पा रहा था।

और महानायकत्व के लिए जुनून लाज़िमी, धमाका होना ही चाहिए।

ये भी नहीं कि धमाके नहीं हो रहे थे।

१९८५ में राजीव कपूर जैसे गुड्डे की *राम तेरी गंगा मैली,*

१९८६ में सुभाष घई की *कर्मा,*

१९८७ में अनिल कपूर की शेखर कपूर के निर्देशन में *मि. इण्डिया*

और १९८८ में एन. चन्द्रा के निर्देशन में माधुरी दीक्षित के साथ *तेजाब,*

१९८८ में ही आमिर खान की *कयामत से कयामत तक,*

१९८९ में यश चोपड़ा की *चाँदनी*

सलमान के अभ्युदय की सूरज बड़जात्या के निर्देशन में *मैंने प्यार किया,* १९९० में महेश भट्ट की *आशिकी*

और सनी देओल की राजकुमार सन्तोषी के निर्देशन में *घायल*

वे फ़िल्में हैं जिन्होंने सफलता के झण्डे गाड़े।

पर इनमें कहीं अमिताभ नहीं थे।

अनिल कपूर, आमिर खान, सनी देओल, सलमान खान

नयी सम्भावनाओं की तरह आ खड़े हुए थे।

गोविन्दा और अजय देवगन का उन्वान हो चुका था

लेकिन अमिताभ बच्चन के करिश्मे का नया संस्करण अब भी प्रतीक्षित था।

किसी झन्नाटेदार तूफ़ानी शोले का अवतार चाहिए था महाबाज़ार

को।
एक से बढ़कर एक मनमोहिनी सूरतें थीं
लेकिन मूरत की तरह प्राण-प्रतिष्ठा नहीं हो पा रही थी।
१९९२ में *दीवाना* का मनमोहक जुनून ९३ में *बाज़ीगर* बनकर छा गया
और आनन-फानन में यश चोपड़ा ने इसी साल होड़ की दौड़ को
सुगन्धित चाशनी में डुबोकर डर में वहशत को भी
मुहब्बत का खोल पहनाकर महाविजयी भव का बैंड बाजा बजवा दिया।

और यश चोपड़ा के साहबजादे आदित्य ने
इस हर क़ीमत पर मुहब्बत जीतने की ज़िद को
जिसने सनी देओल के नायकत्व को अपने जुनून से बौना बनाकर
'आइ एम द बेस्ट' का नारा लगाया था—
हारकर जीतने के तिलिस्म में इस तरह आजमाया कि दर्शकों ने
दिलवाले दुलहनियाँ ले जायेंगे में वह नया आस्वाद पाया
जिसका बाज़ार लम्बे समय से इन्तज़ार कर रहा था
महाबाज़ार के लिए जो उर्वर ज़मीन सूरज बड़जात्या ने सलमान के साथ
हम आपके हैं कौन के ज़रिये तैयार की थी
उसका शिखर आदित्य चोपड़ा ने *डीडीएलजे* के ज़रिये रच दिया
और उन्हीं के दोस्त और सहयोगी करण जौहर ने इस शिखर पर कलश रखा—
'डबल के डबल एच से'
और इस *कुछ कुछ होता है* ने बहुत कुछ कर दिखाया।

गोया कि *दिलवाले दुलहनियाँ ले जायेंगे* ने
व्यावसायिक सिनेमा या सिनेमा के व्यवसाय का एक युग बदल दिया।
सालोंसाल यह चलती ही चली गयी मुम्बई के मराठा मन्दिर में

और इस तरह कोई बादशाह बनता है।
महाबाज़ार के लिए सम्भावनाओं के नये राजपथ खोल देता है।
जिस तरह १९७५ से ८४ तक अमिताभ यानी एंग्री यंगमैन की मोहर थी
उसी तरह १९९४ से २००३ तक शाहरुख, नहीं—बादशाह ख़ान की मोहर।

एंग्री यंगमैन का ग़ुस्सा घोलकर पी गया ग्लोबल चमक का आशिक़
दिलदार लवर ब्वाय—एंग्री आँखों के अनबुझे सपनों की
हसीन तस्वीर का मनोमुग्धकारी हसीन चेहरा बनकर
हमारा अपना चेहरा, हमारी अपनी सपनीली ख़्वाहिशों की फ़तह।
विश्व बाज़ार के जो दरवाज़े राजनीति खोल रही थी
उसकी हरदिल अज़ीज़ जीवन युति बनकर दिलों में छा गयी
काजोल-शाहरुख का युग्म चिर नूतन बन गया
समूचे हिन्दी सिनेमा में ऐसी कम ही जोड़ियाँ हैं
इसके उत्ताप ने हिन्दी सिनेमा के सुनहरे ज़माने की जोड़ियों की
पीढ़ी दर पीढ़ी घुमड़ती चली जाने वाली दीवानगी को जगा दिया।
एंग्री यंग मैन की बेबसी की चीरफाड़ कर डाली लवर पेअर ने।
यह चमत्कार था लेकिन सितारे चमत्कार ही से तो जगमगाते हैं
चमत्कार न हो तो उनका वजूद ही क्या
शाहरुख ने बाज़ार को विदेशों में बसे दो करोड़ से अधिक भारतीयों को
लुभाने का तिलिस्म दे डाला
आधुनिकता का ससम्मान ग्रहण और परम्परा के प्रति श्रद्धा
सारी दुनिया का सब-कुछ स्वीकार लेकिन फिर भी दिल है हिन्दुस्तानी
करवाचौथ का रूप-रंग-आकार सब बदल जायेगा
लेकिन करवाचौथ नहीं बदलेगी

न उससे जुड़ी भावना बदलेगी
यही *डीडीएलजे* की कामयाबी का मन्त्र है
शाहरुख ने दर्शकों के दिल में उस छवि को जगाया
जो उन्हें अपराधबोध से मुक्त करती थी
यानी उसने दोनों हाथों में लड्डू रखने की तमन्ना को नैतिक स्वीकृति से चमचमाता चेहरा बना दिया था।

१९९३ से २००२ तक के दस साल शाहरुख के नाम लिखे दिखायी दिये
२००१ में *लगान* के साथ आमिर ख़ान और दूसरा दशक लगते ही *दबंग* की तरह सलमान ख़ान बाज़ार के बादशाह बनकर सामने आये।
नहीं, किसी ने किसी को खारिज़ नहीं किया
वे एक नयी ख़ान त्रयी की तरह विराजमान हुए
दस साल से यही चल रहा है कि कब कौन किससे बढ़कर साबित हो
कोई नहीं जानता—महाबाज़ार का यही तरीक़ा है।

लगता यही है कि तमाम नायकों पर महाबाज़ार ने काबू पा लिया है
वे उसके हाथों की कठपुतलियाँ हैं
बाज़ार उन्हें उठा-बिठा सकता है पर इसके उलट भी इतना ही सच है
इन सितारों ने भी महाबाज़ार को अपनी अँगुलियों पर नचाया है और इस कूवत का जब-तब वे मुज़ाहिरा भी कर दिया करते हैं
सिर्फ़ ऐसे जो हज़ारों-हज़ार करोड़ों में खेलते हैं, हर जगह दमकते हैं
वे ही नहीं, आज सैकड़ों ऐसे सितारे हैं
जो भले ही टेलीविज़न पर न दिखायी दें या दिखायी भी दें तो

यदा-कदा
पर उनका अपना प्रभा संसार इतना प्रखर है और महाबाज़ार ने ही
ऐसी बहुआयामी तकनीकों की फ़सल तैयार करने की ठान रखी
है
जो छोटे-मोटे खिलाड़ियों को भी धन्धे में बने रहने की
ताकत मुहय्या कराते हैं।

ऐसे ही एक विचित्र मनुष्य का अभ्युदय हुआ २००३ में—
जनाब राजकुमार हीरानी
उन्हें उस चमक-दमक की दुनिया में कोई नहीं जानता था
जो चमत्कारों पर चलती है
पर वे एक चमत्कार की तरह प्रकट हुए
वह फक़ीर की तरह शामिल हुआ और पैगम्बर की तरह राह
दिखलाई
जिसने इक्कीसवीं सदी के पहले दशक में कुल तीन फ़िल्में
बनाकर
हैट्रिक ही नहीं जमाई
हर बार पहले से दो क़दम आगे भी बढ़ते हुए
ये तीनों फ़िल्में एक ही विषय पर थीं
पर इस तरह कि तीनों एक-दूसरे से एकदम जुदा।

इक्कीसवीं सदी में जब सीक्वलों की बाढ़ आई हुई है
हेराफेरी, गेम, प्लान, गोलमाल, क्रिश, राज, जन्नत वग़ैरह में
नम्बर बढ़ा-बढ़ाकर
और अनीस बाजमी की तरह नाम बदल-बदलकर
नो एंट्री, थैंक्यू, वैलकम और न जाने क्या-क्या
और विशाल भारद्वाज तो सबसे आगे निकल गये
इश्किया के बाद *इश्किया-२* से पहले *डेढ़ इश्किया*
गो कि सिनेमा नहीं, एक ब्राण्ड है फ़िल्म की नहीं, ब्राण्ड की
धूम है

वे फ़िल्मों के नहीं, ब्राण्डों के सीक्वेल हैं
उनकी औक़ात व्यावसायिक सफलता-असफलता की खूँटी पर
लटकी है
जिस सफलता की बागडोर बाज़ार की अँगुलियों में बँधी हुई है।

सीक्वेल किस तरह बनाया जा सकता है, इसका करिश्मा सिर्फ़
और सिर्फ़ राजकुमार हीरानी ने दिखलाया—*लगे रहो
मुन्नाभाई* में,
इस तरह कि *मुन्नाभाई एमबीबीएस* की छाया तक न ढूँढ़ पायें
और वह तब-जब क़िस्से के अमूमन सारे किरदार वही हैं
उन्हें अदा करने वाले अदाकार भी वही हैं
और बात भी वही कही जा रही है
लेकिन रहगुज़र नयी है
इस तरह कि बार-बार गुज़र कर भी हर बार नयी लगे—बिलकुल
नयी।

कहते हैं कि हीरानी की ख़्वाहिश यही थी कि मुन्नाभाई के
किरदार में
शाहरुख को उतारा जाये, पर यह मुमकिन न हुआ,
जिसके बेशुमार अफ़साने हैं
पर अफ़साने की हक़ीक़त का अफ़साना ये है कि
शाहरुख सातवें आसमान पर थे तब और हीरानी नौसिखिया
शाहरुख ने नखरे दिखलाए होंगे—हीरानी ने सहे होंगे
और जब सह सकने की परिस्थितियाँ और वातावरण विपरीत हो
गये होंगे—
तो संजय दत्त की मासूमियत को गले लगाकर ख़ुश हो लिये होंगे
संजय दत्त भी ख़ुश ही हुए होंगे कि उनका प्रमोशन हुआ
जो किरदार जिमी शेरगिल के हिस्से आया यदि शाहरुख हीरो
होते तो
संजय दत्त ही उस किरदार में होते।

इसमें नया कुछ नहीं है
महासितारों के साथ ऐसे क़िस्से होते ही रहे हैं
दिलीप कुमार ने *प्यासा, मदर इंडिया, दो आँखें बारह हाथ* जैसी फ़िल्में ठुकराईं—जो सब की सब क्लैसिक साबित हुईं—और आज भी जिनकी धमक और ख़ुशबू वर्तमान से बढ़कर है।
और अब तो ऐसा ही लगता है कि दिलीप कुमार का उनमें होना
शायद इन फ़िल्मों को नुकसान ही पहुँचाता
हर शिखर सबके लिए नहीं होता—
दिलीप कुमार इतना ज़रूर जानते थे—
गुरुदत्त, महबूब और शान्ताराम की फ़िल्मों में वे एक अभिनेता के दृष्टिकोण का अनुशासन कायम नहीं कर सकते।

दिलीप कुमार इसी हेकड़ी को, जिसे चाहे आन कह लीजिए—
कायम रखने वाले अभिनेता हैं।
देवदास के बाद वे लगातार निर्देशक की पकड़ से बाहर होते गये
और बिमलराय के बाद कोई निर्देशक उन्हें अपने मुताबिक गढ़ नहीं सका।
सिनेमा में अकसर अभिनेता और निर्देशक के ईगो ही नहीं
स्वार्थों के द्वन्द्व भी परस्पर टकराते हैं।

यही मुन्नाभाई के मामले का भी सच है
सो यह ख़ुशगवार ही हुआ—न केवल राजकुमार हीरानी और संजय दत्त के लिए वरन् हिन्दी सिनेमा और उसके दर्शकों के लिए भी
इसलिए कि तब अपनी नाकुछ हैसियत में हीरानी के लिए—उस सुपर स्टारियत को सँभाल पाना कहाँ तक मुमकिन हो पाता, ख़ुदा ही बेहतर जानता है।
शाहरुख स्वयंसिद्ध थे और राजकुमार को सब-कुछ सिद्ध करना

था
सो कहु रहीम कैसे निभता कैर-बेर का संग
पर मुन्नाभाई संजय दत्त में उतर गया
इस तरह कि जुग जुग जियेगा
कह पाया यह किरदार
कि कितनी नकली किस क़दर अपाहिज है यह सर्वशक्तिमान अहम्मन्यता
जिस्मानी ताक़तों से नहीं,
लोगों के दिलों में उतर कर जीती जाती है यह दुनिया
दौलत-शोहरत की ताकत से हासिल होने वाली जीत
होती ही नहीं जीत—सिर्फ़ जीतने का भ्रम होता है।

पर आज इसी जीत की जय-जयकार है
एक यही दबंग विजय है
एक झूठ को हज़ारों जुबानों से लाखों बार दुहराओ वह सच को झुठला देगा
यह हिटलरी नहीं, कॉरपोरेट ज़माने का फण्डा है सर जी,
लेकिन तब भी ईडियट इससे कभी नहीं हड़बड़ाए
यह समझदारी ईडियटों के पास होती ही नहीं।
हीरानी ने धार के उलटे बहकर अपना सिनेमा रचा
पर आवरण आधुनिकता का ओढ़कर—
इस सफ़ाई से कि धन्धेबाज उस आवरण की मौज में डूबकर
रचनाकार के मंतव्य से पूरी शिद्दत के साथ एकमेक हो जाना
लालच, दिखावा, प्रदर्शनकारी उपलब्धियों और खोखली सफलता का
उपहास बनकर खड़ी हो जाती हैं ये फ़िल्में प्रेक्षक के भीतर
जिनका प्रभाव ख़ूबियों खराबियों के द्वन्द्व से अप्रभावित है
प्रशंसा और निन्दा—बेमतलब—एक ही सिक्के के दो पहलू।
हीरानी ने जीत के भ्रम की निरर्थकता का मौलिक उद्घाटन किया—

अपनी तीनों फ़िल्मों में।

ऐसी हैट्रिक हिन्दी सिनेमा के समूचे इतिहास में इनी-गिनी हैं
और अपने व्यक्तित्व में ये सब अनोखी
और अपने-आप में बेमिसाल तो होती ही हैं
इन्हें किसी रोज़गारिये के ज़रिये दर्ज़ किये जाने की ज़रूरत नहीं होती
ये दिलों में मुहब्बत की कसक बन के दर्ज़ होती हैं
जिन्हें किसी गिनीज़ बुक के रिकॉर्ड की सुर्ख़ियों की दरकार नहीं होती
ये वो हैं सुर्ख़ियाँ जिनके लिए तरसा करती हैं, गिनीज़ बुकें छटपटाती हैं
इनका किसी से मुक़ाबला नहीं, तब ही तो बेमिसाल हैं।

हीरानी ने अपनी मासूम मुस्कुराहट के साथ ख़ूब रुक-रुककर
दिल लगाकर सपनों को अंज़ाम दिया
और *मुन्नाभाई* से *थ्री ईडियट* तक की बहुआयामी इमारत खड़ी कर दी
अपने मन की सुनो, अपना रास्ता ख़ुद चुनो, बनाओ—
परायी चूपड़ी देख मत ललचाओ—
सफलता के पीछे आँखें मूँदकर दौड़ मत लगाओ
अपने सपनों में मेहनत के रंग भरो—कामयाबी ख़ुद तुम्हारे पीछे-पीछे आयेगी।

महाबाज़ार न मूर्ख है न अत्याचारी—वह अपनी आलोचना को सलाम करता है—
निन्दा पर मुस्कुराता है—बस, सिर्फ़ धन्धे के नुकसान को गले नहीं लगाता—
दो पैसे आ रहे हैं न, चलो कोई बात नहीं, ये भी सही।
बाबूजी दस गालियाँ दोगे, मगर माल भी तो चोखा लाओगे न?

और देखो संजय की जगह आमिर आया तो तुम्हारे कर कमलों से लगे हाथ
सौ की जगह दो सौ करोड़ के क्लब का उद्घाटन हो गया।

देशी-विदेशी सिनेमा पण्डित इक्कीसवीं सदी में बार-बार
गुरुदत्त की *प्यासा* का एहतराम कर रहे हैं
कभी उसे दुनिया की सर्वश्रेष्ठ पाँच रोमांटिक फ़िल्मों में एक गिनाया जाता है
कभी दुनिया की बेस्ट ऑल टाइम बेस्ट फिफ़्टी और बेस्ट टेन के रूप में अभिषिक्त किया जाता है
कभी हमारे परफेक्शनिस्ट आमिर *प्यासा* के पोस्टर स्टिल को कैटरीना के साथ दोहराकर पेश होते हुए गौरवान्वित होते हैं

देखिए मज़ा, यह वही *प्यासा* है—
जो आज कहलाने वाली तुम्हारी कामयाबी का मखौल उड़ाती है—
और मखौल क्या उड़ाती है—तुम्हें तुम्हारी ख़ूबसूरती से झाँकती बदसूरती का आईना दिखलाती है—जहाँ प्यार की क़द्र ही कुछ नहीं है—वो दुनिया अगर मिल भी जाये तो क्या है प्यारे!

जिसे कहती है दुनिया कामयाबी, वाए नादानी
इसे किन क़ीमतों पे कामयाब इनसान लेते हैं

ज़रा देखो, इस महाबाज़ार की महामाया
उसके पास तुम्हारे हुनर की क़द्र सिर्फ़ इतनी और इसलिए है
कि बाज़ार में तुम उसकी दी हुई कैंची से ग्राहक की जेब
कितनी सफ़ाई से कुतर सकते हो।
यही तो खेल है प्यारे—तुम डाल-डाल तो हम पात-पात।

सच तब भी यही था और आज भी यही है कि
तुम्हारी दौलत, सिर्फ़ और सिर्फ़ तुम्हारा हुनर है—वे जीरो नहीं,
जिनकी बदौलत लाख बनें करोड़ और करोड़, अरब-खरब बन जाते हैं
एक दिन बिक जायेगा माटी के मोल
चार के आठ और आठ के साठ करके लालच का पूरा नहीं पड़ेगा
उसका पेट ख़ाली ही रहेगा
स्टार से सुपर स्टार, मेगास्टार बनकर भी सिर्फ़ तरसेगा
मुहब्बत के किसी हसीन ख़्वाब के लिए।

बाज़ारचन्द दसबीसिया साहेब आपकी अम्मा/दादी अम्मा ने कितना समझाया
कि लल्लू ये निन्यानबे का चक्कर है, पूरा नहीं होता कभी
तू बहकावे में मत आना
हुनरमन्द के लिए देवदासीय करोड़पति कमाई से
गुज़ारिश की डूबी लुटिया कुछ ज़्यादा ही अज़ीज़ होती है
बाज़ार बेहद नदीदा दानिशमन्द है
वह सिरफिरेपन की अहमियत बख़ूबी ख़ूब जानता है
जो मुनाफे में मददगार उसकी हेकड़ उछल-कूद भी वेलकम-वेलकम।
यह भी उसे नाथने के लिए हैं—उन्हीं ज़ंजीरों में ख़ुद जकड़ने के लिए ललचाकर—
जिनसे वह बार-बार छूट जाता है करिश्मासाज संजय लीला भंसाली साहब हम भी आपसे 'रामलीला' में रासलीला रचवा लेने का हुनर रखते हैं।

ज़माना पल-पल बदलता है
और अब तो वह दोगुनी-चौगुनी-सौगुनी रफ़्तार से बदल रहा है।

आज न पचास क्या पच्चीस साल पहले का ही समाज है और न
ही वैसी आर्थिक-सामाजिक-राजनीतिक परिस्थितियाँ
इसलिए सिनेमा में वैसे नायक होना भी मुमकिन नहीं हैं
उसके भी पहले ये समझ लेना चाहिए कि आज सिनेमा ही उनके
लिए नहीं है
जिनके नायक अशोक-दिलीप-देव-राज हुआ करते थे।
यहाँ तक कि सुनील, शम्मी, राजेन्द्र, राजकुमार, धर्मेन्द्र, जितेन्द्र
के नायकत्व वाला समाज ही कहाँ रहा अब।
जिस तरह व्यक्तिगत अहम्मन्यता ने
सामाजिक सदाशय समरसता को ख़ारिज कर दिया है
उसी तरह महानायकत्व के घटाटोप में नायकत्व के लघु वैराट्य
को स्थगित।
पर क्या कीजियेगा, महाबाज़ार के लाख न चाहने के बाद भी
साफ़-साफ़ यही दिखायी देता है कि यही लघुता वरेण्य
है, चाहे *लगे रहो* का मुन्नाभाई हो, *चक दे इण्डिया* का
कबीर, *रंग दे बसन्ती* का दलजीत सिंह बनाम डीजे
या *थ्री ईडियट्स* का रणछोड़दास बनाम फुनसुख वांगडू
या *दबंग* का चुलबुल पाण्डेय ही,
यही बाज़ार की पकड़ का भी जाल बिछाते हैं।
ज़माना पल-पल बदलता है लेकिन इनसानी मुहब्बत का जलवा
जो आसमानों को ठोकर लगाकर माटी की ख़ुशबू की पहचान
कराता है
हमेशा कायम रहता है, रहा है।
आगे क्यूँ नहीं रहेगा?

सिनेमाघरों से बाहर चवन्नी छाप

महाबाज़ार ने सिनेमाघरों को मल्टीप्लैक्स ऐशगाहों में
तब्दील कर दिया है—जो उनके ग्लोबल कारिन्दों के लिए
पाँच दिन की रीढ़ झुरझुरा देने वाली मशक़्क़त की
थकान से उबरने की कोशिश के वीकएंड मौज़मस्ती के अड्डे बन
गये हैं।
महानगरों और उपमहानगरों के मॉलों में तरह-तरह के मालों
के बीच—एक माल सिनेमा भी है
जहाँ वीकएंड के तीन दिनों में धूमधाम से
सौ-पचास करोड़ तक एक फ़िल्म पर बरस जाते हैं
और सिनेमा से कमाई के ये सौ-दो सौ करोड़ तो बच्चों की
न्योछावर हैं
मॉलों का खेल नामालूम कितने सैकड़ों-हज़ारों करोड़ का है।
ये ख़ुद ही फ़रमाते हैं
सिनेमा की टिकिटों से ज़्यादा कमाई तो खाने-पीने की चीज़ों
की बिक्री से हो जाती है—इसलिए नहीं कि ये लाजवाब
डिशेज सर्व कर रहे हैं—अफलातूनी क़ीमतों के कारण—
पच्चीस-पचास-सौ की तो औक़ात ही क्या है
पिज्जा-पिज्जी/कोक-कॉफ़ी डिकोस्टा/कॉर्न फ़्लैक्स
चबाने-गुटकने-सटकने के लिए दो-चार सौ भी नाकाफ़ी हैं।
प्यारेलाल जी, पानी भी पियोगे तो पचास लगेंगे
वर्ना कटवाओ नाक

सरकारी मजबूरी के कारण मुफ़्त पानी पिलाने के इन्तज़ाम की
टोंटी दबाओ
पर आपकी भी कोई इज़्ज़त है, ऐसा कैसे करें
आख़िर लोकलिहाज भी तो कोई चीज़ है
मौक़े और जगह का ख़याल भी तो रखना ही पड़ता है
टोंटी से टपकते पानी को न जाने कितने लबों से टकरा चुके
गिलास में
भरकर पीते बन पड़ेगा?
ऊँचे ब्राण्ड की बोतल से गटकते हुए ही मल्टीप्लैक्स वाले
कहलाओगे।
अब आगे बियर-फियर के इन्तज़ाम में भी क्या बुराई है
तरक़्क़ी का ज़माना है, कब तक कॉफ़ी कोक में अटके रहेंगे।
हम यहाँ साक्षात् जन्नत का नज़ारा चमकाकर छोड़ेंगे, पल-दो
पल और।

यहाँ सिनेमा के बीसवीं सदी के विख्यात चवन्नी छाप दर्शकों की
गुज़र कहाँ
उस बेचारे की चवन्नी तो दो-चार-सौ-हज़ार की हुई नहीं
उलटे वह तो बाज़ार बाहर ही हो गयी
उसी तरह वह चवन्नी छाप भी सिनेमाघरों से बाहर हकाल दिया
गया
मुद्रा से बाहर चवन्नी, सिनेमाघरों से बाहर चवन्नी छाप।
अब पैसों का नहीं, रुपयों का ज़माना है
और डॉलर, पौण्ड, यूरो, दीनार के ख़्वाबों का तराना है
सँभाल के रख लो पंजी-दस्सी-चवन्नी ऐतिहासिक अवशेषों की
तरह
बच्चों को दिखाने के काम आयेंगे।

मल्टीप्लैक्स ऐशगाहों की तो बात ही छोड़िये
छोटे शहरों-क़स्बों के सिनेमाओं तक में—जिन्हें अब हिकारत से

'ठाठिया' कहा जाता है—फ़िल्म देखना सौ-पचास से नीचे का मामला नहीं उतरता,
सो अब चवन्नी छाप दर्शक सपरिवार या इष्ट-मित्रों सहित तो दूर
अकेले भी सिनेमाघरों के पास फटकने की बमुश्किल हिम्मत जुटा पाता है।
उस पर करेले पर नीम चढ़ा जायका इस तरह तारी कि
हिन्दीभाषी क्षेत्रों में ख़ासतौर से सिनेमाघरों का अकाल और दुर्दशा
दोनों गलबहियाँ डाले हैं।

चवन्नीछाप दर्शक अब पायरेटेड डीवीडियों के हवाले है
जो किसी भी फ़िल्म के 'वर्ल्ड वाइड' रिलीज़ के दूसरे ही दिन
दूरदराज़ इलाक़ों तक में उसी तरह बीस-पच्चीस रुपयों में
खुल्लम-खुल्ला उपलब्ध होती हैं जिस तरह
पैकेज्ड ड्रिंकिंग वाटर और कोल्ड-ड्रिंक्स की सीलबन्द बोतलें
भी उन इलाक़ों में सहज उपलब्ध हैं जहाँ पीने का साफ़ पानी मयस्सर नहीं।

इन बीस-पचीस की डीवीडियों में एक-दो नहीं, चार-छह फ़िल्में होती हैं।
ओरीजनलों के मुक़ाबले पचीस-पचास गुना सस्ती
और बीसियों गुना शीघ्रता से उपलब्ध।
जब तक बेचारे ओरीजिनल बाज़ार में पधार पाते हैं
तब तक तो फ़िल्म ही पुरानी-दुरानी हो चुकी होती है
इसलिए वह कलैक्टर्स आइटम हो जाती है, चवन्नीछाप के किस मतलब की।
भ्रष्टाचार की तरह पायरेटेड डीवीडियों का धन्धा मिटाने की मुहिम
लगातार चलती रहती है और ये प्रशासन की नाक के नीचे

धड़ल्ले से बिकती रहती हैं।
चवन्नीछाप यह ख़ूब जानता है कि ये पायरेसी का नहीं
उसकी औक़ात का माल है—
हर ब्राण्ड का माल—उसकी औक़ात का भी रूप धारणकर
बाज़ार में पटा रहता है—खुलेआम
क़ायदा क़ानून अपनी जगह, रोज़गार अपनी।

बन्दापरवर, यह खुला खेल है
आम आदमी बनाम चवन्नीछाप को हीनताबोध से ग्रस्त करने का
जो बेचारा दाम भी दे, गन्नेटा भी खाए और जो टूटे पलकिया
तो अपने प्राण भी गँवाये।
क्योंकि क़ानून का डण्डा सबसे पहले उसी की मज़बूत पीठ
तलाशता है।
न्यायदण्ड की मार से आहत छोटी मछलियाँ कब नहीं हुईं?
बड़ी तो तमाशे का लुत्फ़ उठाया करती हैं।

धन्धे की जड़ें आसमान में
और दिखावा धरती खोदने का अनवरत चलता है
पकड़े जायेंगे दो-चार, चउवे-छक्के और हो जायेगी बल्ले-
बल्ले!
क़ानून प्रशासन चुस्त दुरुस्त-शान्ति व्यवस्था कायम
और बाप जी, महाबाप जी बनकर मुस्कुरायेंगे।

प्रकाश झा की *राजनीति* का दर्शन पायरेटेड डीवीडी के ज़रिये
करते हुए
सन् २०१० में राजस्थान के विधायकगण सामूहिक रूप से धरे
गये
आजकल इस स्टिंग-फिस्टिंग के कारण बेचारे बड़ों-बड़ों की
नाक में दम।
बात बड़ों की, सो टीवी ख़बरिया चैनलों ने ख़ूब शोर मचाया

और सार्वजनिक रूप से किये गये इस अपराध में किसे क्या
सज़ा मिली?
अख़बारों-चैनलों ने ढुलकिया पीट ली और मामला आयाराम-
गयाराम।

आज़ाद महामहिमों की वाणी का सत्य यथावत् कायम
कि जनता की याददाश्त बहुत कमज़ोर होती है।
सत्य वचन श्रीमन्-सत्य वचन।
इस कमज़ोर याददाश्त के चलते तो बेचारी का ब्लडप्रेशर
भयंकर फ्लक्चुएट होता रहता है—सो मुबारक हो
बेचारी जनता को उसकी कमज़ोर याददाश्त—
कहीं तेज़ हो जाये तो हार्ट अटैक से बचना नामुमकिन।
वह अब इतनी भी बुद्धू नहीं कि यह भी न जाने
कि क़ानून कमज़ोर के पालन करने और ताक़तवर के तोड़ने के
लिए होते हैं।
जब किसी लल्लू-पंजू सिरफिरे को उसकी हैसियत बतलानी हो
तब क़ानूनशिकनी करते हुए उसे सरेआम दबोच लिया जाय।
वह तथाकथित जुर्म जो बड़ी नाकों के नीचे चौबीसों घण्टे जारी
है
उसे बावक्त अपने अहितकारी के सिर टोपी की तरह पहना दिया
जाय।

आज हमारा हिन्दी सिनेमा जिसका क़तई मुहताज नहीं है
वह है हिन्दी इलाक़ा और हिन्दी भाषा समाज
इस दिशा में देखकर तो वह थूकता भी नहीं है।
उसके लिए हिन्दीभाषी समाज अधिक से अधिक वही है
जो महानगर निवासी बन गया है या ठसियल की तरह जम गया
है।
वर्ना यूपी, एम पी, बिहार, छत्तीसगढ़, राजस्थान, उड़ीसा, झारखण्ड
की

पिद्दी कमाई की परवाह किसको है?
अब सिनेमा की ज़मीनी कमाई का सबसे बड़ा ज़रिया वह
मल्टीप्लैक्स प्रवासी अभिजात युवा है
जो इनक्लूडिंग समूची दुनिया में—
महाबाज़ार की बैसाखियों पर टिका महाबली अस्तित्व,
उसे अपने काँधों उठाये कूल-कूल दनदनाहट में टुन्न है।
जो सिर्फ़ तीन दिनों के वीकएण्ड में दस-बीस से लेकर
सौ-पचास करोड़ की कारीगरी दिखला देता है
अब इनके मुक़ाबले बेचारे ठाठिया चवन्नीछापों को कौन पूछे
जो तीन दिनों का काम पच्चीस-पचास-साठ दिनों हफ़्तों में करने
के आदी।
इस तरक़्क़ीपसन्द फटाफट ज़माने में यह सुस्त चाल नाजायज।
पच्चीस-पचास-साठ हफ़्तों में सिल्वर-गोल्डन-डायमण्ड जुबिली
नहीं
जल्दी से जल्दी तीन-सात, चौदह, अधिक से अधिक इक्कीस
दिनों में
सौ-दो सौ उससे भी ज़्यादा तो क्रमशः सिल्वर, गोल्डन-डायमण्ड
जुबिली।
अब सिल्वर, गोल्ड, डायमण्ड पलक झपकते कमाने का ज़माना
है।
मोरी बाँकी हिरनियाँ कब तक धीरे-धीरे चलती रहोगी
कब तक ख़रगोश पर कछुए की जीत की उलटबाँसी में उलझी
अपने पैरों आप कुल्हाड़ी पटकने की हिमाकत करती बुढ़ा
जाओगी?

तो प्यारे, समय की आवाज़ को सुनो
और हर कूवत के लिए किये गये यथायोग्य इन्तज़ाम को पहचानो
तुम इनका अवलोकन बीस रुपये की डीवीडियों के ज़रिये करो
या बाज़ार की मेहरबानी से घर बैठे टेलीविज़न के बीसों सिनेमा
चैनलों पर
दो-तीन घण्टे की फ़िल्म पाँच-छह घण्टों में देखो

लगभग मुफ़्त और वह भी डबल प्रोग्राम की तरह।

फ़िल्म की फ़िल्म देखो और यह भी देखो घाले में—
कि कितनी ढेरों चीज़ों से बाज़ार भरा पड़ा है
और यह भी जानो कि तुम्हारा कल का मोबाइल आज हो गया
पुराना
और मोबाइल ही नहीं, सब कुछ हर पल नया, जैसे हर पल नया
सो जानो कि क्या-क्या तुम्हें ख़रीदना ही ख़रीदना चाहिए
और जो ख़रीदने की जुर्रत नहीं कर पा रहे तो क्यों नहीं
और यह भी कि किस तरह औक़ात हासिल कर सकते हो
और हासिल करने के सैकड़ों तरीके बखान करने के लिए
तमाम ख़ान-कपूर-खिलाड़ी-बच्चन-देवगन वग़ैरह
अपने महामानवीय अवतारों के ज़रिये
समूची आन-बान-शान के साथ मुस्तैदी से तैनात हैं
आपको करते हुए बाअदब, बामुलाहिजा, होशियार!

सिनेमाई थियेटर्स का टारगेट अब कम-से-कम
हज़ार-पाँच सौ की गर्मी रखने वाला दर्शक वर्ग है
वही माई बाप—उसी की डिमांड सर्वोपरि, कोलावरी-कोलावरी
डी
ज़ाहिर है कि ये महानायक उसी वर्ग की डिमाण्ड पूरी करेंगे,
कर रहे हैं—पूरी निष्ठा के साथ—
और अनेक विप्लवी घनघोर विरोधों के साथ बाज़ार में आकण्ठ
डूबे
पिच्छू के दरवाज़े से उसकी सेवा कर रहे हैं।
बाज़ार बुद्धिमान है—जानता है टकराव अवश्यंभावी है
हुनर आख़िर हुनर है—बाज़ीगरी भी दिखायेगा ही
कोई बात नहीं भइये, हमको मालूम है—सब कुछ मालूम है—
दुनिया के रास्ते सारे मालूम हैं
ज़हर की काट ज़हर ही है—सो हुनर की काट हुनर।

मार लेंगे—इसे हुनर से मार लेंगे।
काबू आ जायगा, हमें मालूम है।

यथार्थ की मार हुनर के आदर्श को नाप लेगी
हमारी जगमग सनसनाहट, तस्वीर को फ्रेम में बाँध लेगी।
ऐसी दमादम चुनचुनाहट कि अमरीका पानी भरे
बड़े से लेकर छोटे पर्दे तक ऐसी चमाचम उखाड़-पछाड़ नाज़नीनें
जिस्म की आग में उबलती तमतमाहटों में टकराती
कि विश्वामित्र की तपस्या भंग हो जाय—आदमी लगता कहाँ है
और विश्वामित्र भी एक नहीं अनेकानेक
जिनके आगे-पीछे, ऊपर-नीचे मेनकाएँ भिनभिनायें
मुन्नी-शीला-शालू-जलेबीबाई का जलवा धारणकर
कि जो विश्वामित्र हैं अपने—वे कैरेक्टर ढीला होने पर इतरायें।

अब वो ज़माना ही नहीं रहा जो कोई चन्द्रमोहन, मोतीलाल या
भगवान दादा
दरियादिली की झौंक में अर्श से फ़र्श पर आ जायें
अब मुहब्बत में लुटने का नहीं, लूटने का ज़माना है
अब पहला दाँव लगते ही आर्थिक सुरक्षा सबसे पहले लाज़िमी
मन्नत माँगकर सबसे पहले जन्नत हथिया लो प्यारे!

अब कोई सहगल किसी धोबी के घर शादी-ब्याह में
बिन बुलाए ही पहुँचकर सारी रात ज़िन्दगी की मस्ती में डूबकर
ईश्वर आराधना की तरह गाने की बेवकूफ़ी नहीं करता
इसलिए कि कर ही नहीं सकता
वर्ना प्रोड्यूसर नहीं तो कॉरपोरेट बॉस
जो प्रोड्यूसर को प्रोड्यूसर बनाता है—लात मारकर
बाहर का रास्ता दिखा देगा
जो किसी ने उसके करोड़ों के शून्यों से दीदादिलेरी की तो।

सो अब कोई शाहरुख, सलमान, मल्लिका, दीपिका, ऐश्वर्या, मलाइका
दो-चार-दस करोड़ रुपयों की ताक़त पर ही
किसी थैलीशाह के बेटे-बेटी की शादी, बर्थ डे पार्टी में आकर
ठुमके लगाते हैं—जो क़ीमत चुका सके उसी की ताबेदारी में हाज़िर
दया धरम की ख़ातिर सजी हैं रंग-बिरंगे एनजीओ की बारातें
भिक्षा प्राप्ति के लिए भी और दान को भी सजी हैं ब्राण्डेड बिसातें।
दिलवालों के दिल में उतरने का ज़माना हवा हुआ
अब मालदार दिलजलों के दिल बहलाने का ज़माना है, सर जी!
अब वहीं करोड़ों के सुर्ख़ दरिया में
तैरने-उतराने-डूबने की छूट है—खुली छूट!
अब किसी को इमोशनल ब्लैकमेल करने की इजाज़त नहीं।
नहीं अब मुफ़्त का चन्दन कि कोई ऐरा-ग़ैरा-नत्थू खैरा नन्दन घिस ले।

राजकपूर ने अपनी ज़िन्दगी में तमाम फ़िल्मों से जितना कमाया होगा—
वे जो, फ़िल्मों के बाज़ार के तिलिस्म के भरभरा जाने के बाद भी
मौजूद रहने वाली हैं—उससे कहीं ज़्यादा उनका पोता रणबीर कपूर
महज़ एक ब्राण्ड एण्डोर्समेण्ट से कमा लेता है।
ऋषि कपूर आज परम प्रसन्न हैं और होना भी चाहिए
कि जो सुपरस्टारडम उन्हें अपने समूचे कैरिअर में नहीं मिली
वह उनके बेटे ने पहले ही दौर में हासिल कर ली
और वे भी अपनी दूसरी पारी में डिफरेंट किरदारों में लिए जा रहे हैं
जो ही डेज़ में हासिल न हो सके।
ऋषि अपने दौर के जलजले में दब गये

जिसमें मुहब्बत की बेक़द्री थी
अपनी अस्मिता की खोज की बेचैनी की जगह
किसी भी तरह हर हालत में अपना हक़ छीन लेने की बेताबी थी
जो थी छले गये राष्ट्र के अवाम की बदहवास प्रतिक्रिया।

दूसरों ने ठगा उसकी दवा आख़िरकार मिली
लेकिन जो अपनों से ही ठगे गये, उसका इलाज क्या करें
क्योंकि जो अँगुली उठती है गुनहगार पर, वह हमारी अपनी जानिब होती है।
आसान नहीं है अपने ही लालच की जकड़ से छूट पाना।
बुद्धि और धन की जो कॉकटेल बनी
उसने गली-गली भावना के ऐश्वर्य की मीनारें खड़ी कर दीं।
नीरज ने कहा है—'मैं किस-किस द्वारे अपना मस्तक धरूँ मुझे—
हर द्वार तुम्हारा द्वार दिखायी देता है।'
अब हर द्वार धनी का द्वार दिखायी देता है धक्के खाने के लिए
कुबेर की आराधना में लतभंजन में आनन्द की प्राप्ति करना अवश्यंभावी।
इस महाबाज़ार ने करोड़ों-अरबों की दौलत का चौकीदार बना दिया
बेताज बादशाह मस्ती को, कारूँ के ख़ज़ाने ने दबोचकर
ग़ाफ़िल कर दिया इस हक़ीक़त से
कि—'इक रोज़ ये खंदी तुझे खा जायेगी बाबा
ये जो दिखती है दोस्त तेरी दुश्मन कहलायेगी बाबा'

जनाब नज़ीर अकबराबादी की कहन की तर्ज़ का ही है
हमारा हिन्दुस्तानी सिनेमा—सतमेल खिचड़ी
हर रंग का मुज़ाहिरा—हर ढंग का गुज़ारा—
देश की सब ज़ुबानों से घालमेल बेहिचक।
सो क्या हैरत,
हर हिन्दुस्तानी ने इसमें अपनी कमियों-ख़ूबियों का अहसास

पाया
दसों दिशाओं में लोगों ने इसका लुत्फ़ उठाया
यह चवन्नीछापों की दीवानगी है जिसने इन्हें ख़ुदा बनाया
और आज वही सिनेमाघरों से बाहर है।
पछताओगे हो, इस दीवानगी की क़दर भुलाकर
यही चवन्नीछाप तुम्हें ख़ुदा बनाते हैं
जो वे सिनेमाघरों से बाहर होंगे तो सिनेमा ही बचेगा क्या!

हिन्दुस्तान में सिनेमा सामाजिक उत्सव है
प्राइवेट व्यूइंग नहीं है।
ना हो—पर हमने उसे बना ज़रूर दिया है
क्योंकि हमें इसकी ज़रूरत है—हमें चाहिए यान्त्रिक आभासी दुनिया
जहाँ हम अपनी मनमर्ज़ी का माल खपा सकें
रंगीन ख़्वाबों के घटाटोप में।
क्योंकि हमें ज़रूरत की चीज़ें नहीं बेचना
हमें ज़रूरतें बनानी हैं—तरह-तरह की ज़रूरतें बनानी हैं
इन ज्ञान बघारने वाले की ज़रूरतों का कोई अन्त नहीं—हमें नापसन्द।
जानपाण्डे कूपमण्डूको ज़रूरतों का अन्त तो ज़िन्दगी का अन्त।
घिसट-घिसट कर तरसते-तरसाते हुए जीने का क्या मतलब?

इसीलिए तो चवन्नीछाप सिनेमाघरों से बाहर
महाबाज़ार ने किया भी तो उनकी तरक़्क़ी ही सोचकर
आओ, आगे बढ़ो, क़दम से क़दम मिलाओ दुनिया से
इस तरह कि तुम भी सारी दुनिया से अलग अपनी अकेली दुनिया बना लो।
यह महाबाज़ार ही समझा सकता है कि अपनी तरफ़ निहारो
दुनिया भर की फ़िक्र पालकर जनाब मियाँ मिट्ठू ज़िन्दगी न बिगाड़ो

सबको अपने बारे में सोचने दो
तुमने दुनिया भर की ठेकेदारी नहीं ले रखी है।
जो इसी तरह सोचते रह गये तो सदा सर्वदा के लिए
चवन्नी छाप बने रह जाओगे
नहीं प्यारे लालजी,
तथाकथित शराफ़त और ईमानदारी डुगडुगी बजाने से बाज आओ
बाज़ार को अपना जलवा दिखाओ
और बाज़ार के करिश्मे में डूब जाओ
तब ही चवन्नी छाप ठप्पे से निकल बाहर आओगे
और तुम भी सैकड़ों-हज़ारों में दिखाये जाने वाले
तमाशे में जगमगाओगे!

बुड्ढा होगा तेरा बाप

बुड्ढा होगा तेरा बाप

अपने अज़ीज़मअज़ीज़ कॉरपोरेट्स के जगर-मगर
हज़ारों-हज़ार झरोखों से समूची दुनिया अपनी बाँहों में समेटे
महाबाज़ार का आज भी सबसे प्यारा न्यारा राजदुलारा
महामहिम महानायक है अमिताभ बच्चन
जवानी की दहलीज़ में क़दम रखती इक्कीसवीं सदी में भी
मुकुटमणि वही।
महाबाज़ार के महा साम्राज्य की विज्ञापन दहलीज़ पर
प्रज्ज्वलित यही शुभंकर दीप।

जिसने सबसे पहले बाज़ार की आहट को पहचाना।
बीसवीं सदी के आख़िरी दशक में
अपने महानायकत्व की रक्षा के लिए अनवरत जूझते बच्चन के
लिए
इक्कीसवीं सदी का सुप्रभात
करोड़पति आकाश के दरवाज़े खुलने का स्वर्णिम अवसर बनकर
आया
और हमेशा की तरह चुनौती उठाने वाले जाँबाज़ ने
न सिर्फ़ इसे लपक लिया
वरन् स्वर्णतिलकित ताराच्छादित गगन पर
रत्नजटित हर्फों में नया शौर्य आलेख लिख दिया—
महा सफलता का। वह ख़ूब जान चुका है, पहचान चुका है

अवसर का चेहरा नहीं पहचाना तो वह पीठ दिखाता चला जायेगा

१९८४ में *शराबी* की अपार सफलता के बाद १९९२ में *ख़ुदा गवाह* तक
फिर कोई दूसरी वैसी धुआँधार धन्धेबाज़ कामयाबी नहीं मिली
और *ख़ुदा गवाह* भी कोई स्वत:स्फूर्त कामयाबी नहीं
बाज़ार की टाँगी हुई थी
इसके पहले कि और कोई ख़ारिज करे
उसने ख़ुद पाँच सालों का मौन ओढ़ लिया
और देखता रहा चारों दिशाओं में अपनी चादर फैला-फैलाकर
और जब १९९७ में वापस लौटा सिनेमा के चमकीले परदे पर
तो महानायक को वहाँ लाचार खड़ा पाया—
मृत्युदाता, लाल बादशाह, मेजर साहब न जाने किस-किस तरह
आकर देख लिया पर छा न सका
वहीं जहाँ *तूफ़ान* था, *महान* था, *शहंशाह* सर्वशक्तिमान था
अब वह अपनी भूमिका नहीं तलाश पा रहा था
तब एकाएक भूमिका ने उसे तलाश लिया
एकाएक हिन्दुस्तान के घर-घर में बच्चों से बूढ़ों तक सबके बीच
सरगोश सुगबुगाहटों भरी चर्चाओं का केन्द्रबिन्दु बन गया।
अब वह बासी-तिबासी एंग्री यंगमैन नहीं—करोड़ों को
करोड़पति महास्वप्न में उतारने वाला आभिजात्य, सुसंस्कृत बुज़ुर्गवार था
जिसे नये ज़माने की मुहब्बत के नाख़ुदा यश चोपड़ा के
स्वप्नदर्शी सुपुत्र आदित्य ने स्वनिर्धारित पितृ संरक्षण में
युवा लवर रहनुमा शाहरुख के साथ *मुहब्बतें* में उतारकर
धूमधड़ाम शारीरिक हेकड़ी को राजसी मानसिक हेकड़ी में तब्दील कर दिया
एंग्री यंगमैन को पारम्परिक अकड़बाज़ बुज़ुर्ग का चोला पहना दिया
और सलीम-मुग़ल-ए-आज़म की तरह मज़ेदार द्वन्द्व को

मुहब्बत की चाशनी के साथ जमा दिया।

हिन्दी सिनेमा के समूचे सफ़र में किसी महानायक की दूसरी पारी
इतनी समृद्ध और विविधतापूर्ण नहीं रही
यहाँ तक कि दिलीप कुमार और चिर युवा देव आनन्द की भी नहीं।
दिलीप कुमार हिन्दी सिनेमा के सार्वकालिक महानायक हैं
इसे अमिताभ भी खुले दिलोदिमाग़ से तस्लीम कर लिया करते हैं
जब-तब उन्हें अपना प्रेरणास्रोत बतला दिया करते हैं, अपना आदर्श भी।
और उन्होंने अपने आदर्श की ख़ूबियों को ही आत्मसात् नहीं किया
अपितु उसकी कमज़ोरियों से निजात पाने में भी
बड़ी हद तक कामयाबी हासिल की।
उन्हें अब तक निर्देशक बनने के कीड़े ने भी नहीं काटा।
हीरो की तरह बाज़ार में माँग कम होने पर अनेकानेक महामहिमों को
निर्देशक की तरह स्विच ओवर करने का वायरस चिकोटी काटता रहा है।
यहाँ तक कि दिलीप कुमार भी इस मर्ज से बच नहीं सके
इस हरारत ने ख़ुद उनकी तो मिट्टी पलीद नहीं की
पर ज़िन्दगी के छह साल ज़रूर बेकार गँवाये।
न ख़ुदा ही मिला, न विसाल-ए-सनम
की कहावत चरितार्थ करने में तर्पण कर दी १९९० से ९६ तक की ज़िन्दगी!
दिलीप कुमार 'कलिंगा' नाम के सपने को जीते रहे
और वह सपना ही बना रहा।
उनकी निर्देशकीय सम्पूर्णता की तलाश अधूरी रह गयी।

तब भी उन्होंने बग़ैर आगे बढ़े बहते चला जाना नामंज़ूर किया।
यह सम्पूर्णता की तलाश की साधना है
जहाँ हार और जीत एक ही सिक्के के दो पहलू।
पर अब हार और जीत को एक ही नज़र से देखने की
बेवक़ूफ़ी का ज़माना नहीं रहा।
पर इस समझदार ज़माने को तब भी सौ करोड़ी तराजू में तौलने
और सुपर-डुपरहिट ब्लॉकबस्टर जैसे फिकरों से
दिलीप कुमार को बाँधने की औक़ात मयस्सर नहीं हुई।
महाबाज़ार की तराज़ू का बड़े से बड़ा ठीकरा
दिलीप को तौलने में नाकामयाब ही रहा।
वे आज भी मौजूद हैं, न होने की तरह।
यह ज़माना याद रखने लायक है क्या अब!
सब कुछ भूल जाना ही बेहतर है।

देव आनन्द ने १९७० के बाद बाक़ायदा एक-दो-चार नहीं,
दर्जनों फ़िल्में निर्देशित करके दिखला दीं
लेकिन इनमें इक्का-दुक्का छोड़कर कोई किसी को याद तक
नहीं।
यदि देव आनन्द जाने जायेंगे, लोक स्मृति का हिस्सा बने रहेंगे
तो एक जवाँ युवा की बेमिसाल अदा की तरह।
वे हमेशा अपने आप में बेख़बर चिर युवा की ताज़गी का जीवन
जीते रहे।
अपने चेहरे में सम्पूर्णता निरखते हुए—
जीवन की भी, और सिनेमा की भी।

मदारी का मज़मा खड़ा कर देने वाले महानायक नहीं होते
करोड़ों के अम्बारों के शिखर खड़े कर लेने वाले भी नहीं
वे किसी ख़ुशबू की तरह कण-कण में समा जाते हैं
विडम्बना यह भी कि अकसर वे ही उसे नहीं पहचान पाते
मृग की नाभि में कस्तूरी, बन-बन खोजत बागी!

दिलीप कुमार की ही तरह सम्पूर्णता का सन्धान अमिताभ का अभीष्ट है
और सबसे ख़ास बात यह कि वह आज
ज़िन्दगी के आठवें दशक के अधबीच भी
यंगेस्ट के मुक़ाबले तक क्यूट परफॉरमर है
वह बचपन से लेकर जवानी, और बुढ़ापे तक को पटा सकता है।
वह महाबाज़ार का ऐसा जाँनशीं महानायक है
जिसे आलू की तरह हर सब्ज़ी में इस्तेमाल किया जा सकता है
और प्याज, लहसुन की तरह छौंक लगाया जा सकता है
वह हर डायरेक्टर के लिए उसकी शर्तों पर हाज़िर है।
पर अपने हुनर के साथ—किस तरह सो उसकी—
दूसरी पारी की रेंज पर एक उड़ती नज़र ही फेंक लीजिए—
तब आप पायेंगे कि वहीदा रहमान से लेकर तब्बू
और ऐश्वर्या राय से लेकर जिया ख़ान, तापसी पन्नू और दीपिका पादुकोण
तक उसकी हीरोइनों की रेंज पर हैं।
शायद महानायकों में अमिताभ ने ही सर्वाधिक अतिथि भूमिकाएँ की होंगी—
नैरेटर या उद्घोषक की तरह अपनी आवाज़ दी होगी
इसमें आश्चर्य क्या कि वह गजानन की तरह प्रथम पूज्य बना हुआ है।

भले समूची दुनिया में निर्देशक को सिनेमा का प्रथम पुरुष माना गया लेकिन
सबसे बढ़कर अवाम के दिलों पर हुकूमत अदाकारों ने ही की
निराकार ब्रह्म तो अन्तर्मन में ही पैठे रहे
मन्दिर तो साकार ब्रह्म के ही बने।
बीसवीं सदी के उत्तरार्द्ध में दिलीप-देव-राज की त्रिवेणी के साथ ही

जो अदाकारों का वर्चस्व कायम हुआ, वह अब तक निरन्तर
जारी है
और आज तो वह अपने चरमोत्कर्ष पर मौजूद है।
इक्कीसवीं सदी में एक ओर शाहरुख, आमिर, सलमान की ख़ान
त्रयी है
तो दूसरी ओर अजय-अक्षय की जोड़ी
और इनके साथ ही अनेकानेक सितारों की लम्बी-चौड़ी फ़ौज
और इक्कीसवीं सदी के पहले क़दम पर अपनी पहली ही फ़िल्म
से
महानायक की तरह प्रवेश करने वाला ऋतिक
और सदी के दूसरे दशक में हौले-हौले क़दम जमाता हुआ
विविधतापूर्ण रंगों में जगमगाने की क़ाबिलियत रखने वाला
महानायक बनकर उभरा कपूर खानदान की चौथी पीढ़ी का
रनवीर कपूर
और उसी के नाम राशि रणवीर सिंह भी।

बाज़ार में इनकी साख़ करोड़ों-करोड़ की है।
आज ऊँचाई नापने का यह नया चलन है
और ये करोड़ बहुत जल्दी-जल्दी सिकुड़ते चले जा रहे हैं।
महज़ दस साल पहले किसी बड़ी से बड़ी फ़िल्म की कमाई का
पूरा आँकड़ा
आज सिर्फ़ पहले दिन की कमाई का आँकड़ा बन चुका है
चन्द सालों पहले खड़ा किया गया सौ करोड़ क्लब का महा
चमत्कार
अब फुसफुसी फुलझड़ी है
दो-चार-पाँच सालों में ही इस सौ करोड़ क्लब के तामझाम को
तीन दिनों की खिलखिलाहट में तब्दील कर दिया है
वह दिन दूर नहीं, जब एक दिन में सौ करोड़ कमाई के क्लब का
उद्घाटन समारोह सम्पन्न हो जायगा।
अब मुक़ाबला सीधा अमरीका से है

हम भी इस सौ की जगह हज़ार का निशाना साधेंगे।
सौ-पचास छोटे शहरों और क़स्बों में मल्टीप्लैक्सों सहित मॉलों के पहुँचने में
बड़ी देर नहीं रह गयी है।
छत्तीसगढ़ के सुदूर अंचलों में अब सिंगल स्क्रीन की जगह
डबलस्क्रीन सिनेमाघरों की चैन खड़ी करने की शुरुआत हो चुकी है।

कमाई का जो आँकड़ा ये महानायक एक फ़िल्म के ज़रिये खड़ा कर लेते हैं
उतनी तो दिलीप कुमार ने समूची ज़िन्दगी में नहीं की
लेकिन अफ़सोस आज भी उन्हीं ऊँचाइयों पर, उसी पैमाने से
करोड़पति बैसाखियों पर खड़ी कारगुज़ारियाँ नापी जाती हैं
दिलीप कुमार हो सकने की हसरत मारे नहीं मरती।

अगर सोने के पिंजरे में भी रहता है तो क़ैदी है
परिन्दे तो वही होते हैं जो आज़ाद रहते हैं

चलिए छोड़िये ज़नाबेमन, नहीं चाहिए हमें ऐसी आज़ादी
हमारे भीतर नहीं पैदा होती आम आदमी की तरह जुहू-चौपाटी में खड़े होकर भेलपूरी खाने की ख़्वाहिश
हम ऐसे चूतियापे 'मिस' नहीं करते।
ये आदेश है महाबाज़ार का, देखो क़दम न फिसलें
दानिशमन्द बनो भले इस तरह कि सिर्फ़ दिखायी दो, रहो नहीं।
यदि हमारे भीतर ऊटपटाँग विचार पैदा भी हो गया
तब भी हम दुखी होने वाले नहीं
हम अपने लिए अपनी निजी जुहू की चौपाटी बना लेने की कूवत रखते हैं।
जय हो हमारे नेताओं की जो हमसे कम बड़े अभिनेता नहीं,
जब वे भाषण देने के लिए अपना ख़ुद का लाल क़िला बना

सकते हैं
तो क्या हम अपनी चौपाटी तक खड़ी नहीं कर सकते।
इस देश में बहुत बेवकूफ़ बनाया गया है ग़रीबी का गुणगान करके
त्याग के ढकोसलों की सर्चलाइट फेंक-फेंककर।
इक्कीसवीं सदी में ये सब चोचलेबाजियाँ चलने वाली नहीं
महाबाज़ार इसकी इज़ाज़त दे ही नहीं सकता, उसे ज़रूरत ही नहीं।
उसने अपने हर जाँनशीं में यह समझदार लियाकत कूट-कूटकर भर दी है
कि अपनी लकीर पर चलते चले जाना, अपनी मस्ती में,
भटकना नहीं—एक क़दम ग़लत पड़ा और गये काम से।

तुम्हें कामयाब होना है—हर कीमत पर, यहाँ-वहाँ नहीं देखना है,
तुम्हें तो हर क़दम करोड़ी आँकड़ों में
बढ़ोतरी के लिए ही कुर्बान होना है।
कोई जीता है तो जिये और मरता है तो मरे
न तुम किसी को जिला सकते हो और न मार सकते हो
और जो धरम-करम की बात करते हो श्रीमान् गिरधारी लाल
तो यही है गीता का ज्ञान—कर्म किये जा फल की चिन्ता मतकर ऐ इनसान।
इस महाबाज़ार के पास तुम्हारे हर विचलन पर टेक लगाने के लिए
तरह-तरह की रेडीमेड ब्राण्डेड चमकीली पुड़ियाँ तैयार कर रखी हुई हैं
तुम्हारी हर बेवकूफ़ी भरी बीमारी का इलाज
पहले ही सोच-समझकर तैयार कर लिया गया है
बाज़ार तुम्हें प्रवेश की इज़ाज़त देता है, बहिर्गमन की नहीं।

बड़े से बड़े हुनर के अमीर इससे कन्नी नहीं काट सकते।
आमिर ख़ान साहब देसी पुरस्कारों से दूर भागते हैं
और विदेशी ऑस्कर के लिए लार टपकाते हैं।
यहाँ मिलने वाला सम्मान दो कौड़ी का
और वहाँ न मिलने वाला महज़ दिवास्वप्न दिखलाकर झटक देने
वाला
सर माथे पर बिठाने की ख़्वाहिश।

पर हे महानायको, इन तुच्छ बातों की ओर ध्यान तक मत देना
यहाँ पुरस्कार ख़रीदे-बेचे जा सकते हैं इनका क्या है
तुम तो ऑस्कर की ओर लपको
जिसे आज तक कम से कम हिन्दुस्तान में तो कोई नहीं ख़रीद
सका।
तुम्हारी बीसवीं सदी की *मदर इण्डिया* और इक्कीसवीं सदी की
लगान तक की औक़ात नहीं हुई कि उससे विभूषित हो
सकती
फिर दो कौड़ी का *न्यूटन* क्या खाकर उसे लपक पाता।
हाँ, लेकिन भानू अथैया को ज़रूर मिल गया
क्योंकि उसने परदेसी गाँधी के कपड़े-लत्ते सजाए-सँवारे थे
सत्यजीत राय को भी मरते-मरते या मरणोपरान्त ही सही
विशेष रूप से प्रदान कर ही दिया गया।
वही तो एक है जिसमें कुछ दम है, हमने पीटा जिसका नगाड़ा
वर्ना तुम्हारे शान्ताराम, महबूब, बिमलराय, राजकपूर, गुरुदत्त,
विजय आनन्द, यश चोपड़ा वग़ैरह में धरा ही क्या है
और ऋषिकेष मुखर्जी, श्याम बेनेगल, बासु चटर्जी, गुलजार,
महेश भट्ट
वग़ैरह की तो औक़ात ही क्या।
और *दाग, सीमा* वाले अमिय चक्रवर्ती और *चलती का नाम
गाड़ी, जागृति* वाले सत्येन बोस का तो हम नाम तक नहीं
जानते।

हे मेरे प्यारे महासितारो,
तुम इस पुरानी बूढ़ी दुनिया की तनिक परवाह मत करो
हमने तुम्हारे लिए जो एक नयी झन्नाटेदार आभासी दुनिया रच
दी है
वही तो असली है—ज़िन्दा रहते जन्नत की असली महाआनन्द
प्रदाता।
तुम्हें किसी भीड़ का टमकता हुआ हिस्सा नहीं बनना है
भीड़ में किस-किससे कहाँ-कहाँ मिलते फिरोगे
और कहीं भीड़ के संक्रमण से ही ग्रस्त हो गये तो?
न जाने कौन सी मुँह जली बीमारी तुम्हें कब कहाँ दबोच ले।

इसलिए आभासी दुनिया में ट्विटर में विचरो,
फेसबुक पर चहचहाओ,
एक से दूसरी, दूसरी से तीसरी टहनी पर कूद-कूद जाओ
किसी हाड़-मांस के अजनबी के पास जाओ ही क्यों
और जो जाओ भी तो पूरे गुणा भाग के साथ जाओ
दृश्य नहीं तो अदृश्य बन्दूकों के साये में
बहुत ज़रूरी है महामानव को मानव के साये से भी बचकर
चलना
वर्ना महामानवत्व का चीरहरण हुआ ही हुआ समझ लो
मानवता कुर्बान नहीं करोगे तो महामानव बनोगे कैसे
बहुत ज़रूरी ही हो गया तो तुम्हारे 'क्लोन' हाज़िर करा देंगे।

महाबाज़ार अपनी फुलवारी की चौकसी तो करता ही है
सम्भावनाओं की कलियों पर भी पैनी नज़र गड़ाए रखता है
इरफान ख़ान, के. के. मेनन, राजकुमार राव जैसों पर भी
सौ करोड़ी जाल बिछाए रखता है—साँप-सीढ़ी का खेल खेलते
हुए
रणवीर सिंह जैसों की टॉप सुपरस्टार इन वेटिंग की सूची पर

सावधान चाक चौबस्त नर्सिंग जारी रखता है।

अमिताभ बच्चन ने अपनी पहली पारी में ऐसी उड़ानें नहीं भरीं
इस तरह झूम-झूमकर ठुमके नहीं लगाये—कूल्हे नहीं मटकाये
जो करिश्मे आज—चौथेपन से क़दम-दो क़दम दूर खड़ी उमर में
दमादम मस्त कलन्दर हो रहे हैं
ऋषि कपूर दो दूनी चार नहीं, दो पर दो बाईस हो रहे हैं
बॉबी का राजा बाबा गुड्डा *अग्निपथ* में कसाई बनकर
खलनायक की आँखों में काजल आँज रहा है
और *मुल्क* में वही कसाई बेईमान कसाइयों की खाल खींच रहा
है।

और पचास पार तो ये सभी खड़े हैं
शाहरुख, आमिर, सलमान—अक्षय भी बहुत पीछे नहीं हैं
और संजय दत्त तो कब का पचासा लाँघ चुके।
पर अब किसी को चिन्ता की कोई ज़रूरत नहीं
महाबाज़ार उन्हें अक्षय यौवन प्रदान करने की कूवत रखता है
जब तक वे उसके काम आने की हैसियत बनाये रख सकते हैं
अमिताभ मिसाल हैं तो रजनीकान्त बेमिसाल।
अब वो करिश्मे हो चुके है ईजाद जो सत्तर को सात
और सत्रह को सत्तर की हक़ीक़त में बदलकर पेश कर देते हैं।
कभी रहे होंगे दो जुदा अफ़साने सच और झूठ
अब एकमएक हैं—हमशक्ल।
ये कोई नयी बात भी नहीं जो हम कह रहे हैं
ज़िन्दगी ख़्वाब है
ख़्वाब में झूठ क्या
और भला सच है क्या
सब सच है
और झूठ?
तो फिर सब झूठ ही सही।

जिसने यह कहा उसी
शैलेन्द्र ने यह भी गाया मुकेश की ही आवाज़ में—
ज़िन्दगी झूठ है था हमें भी पता—
(पर क्या करते)—हमें ज़िन्दगी से बहुत प्यार था।

निरन्तर लगे हुए हैं ज्ञानी-विज्ञानी
शोधों की धमाचौकड़ी चौबीस में चौबीसों घण्टे धूमधड़ाम है
जैसे रच दिया है मशीनी संगीत, पैदा कर ली हैं थ्री जी आवाज़ें
वैसे ही रच लेंगे सदाबहार नौजवानी ऐसी कि
कभी बाईस से आगे नहीं जायेंगे न अमिताभ, न रजनीकान्त।
सलमान, आमिर, अक्षय, शाहरुख तो दुधमुँहे कहलायेंगे
और इस तरह तीन-चार पीढ़ियों के महानायकों की पलटन
होगी एकसाथ खड़ी
महाबाज़ार में करने कवायद।
लगाते हुए नारा
हम अविनाशी हैं
जाँबाज़ महाबाज़ार
जय हो महाबाज़ार!
जय जय हो महाबाज़ार की!!